Fabrizio Ardito

111 Orte auf Malta, die man gesehen haben muss

111

emons:

Bibliografische Information der Deutschen Nationalbibliothek
Die Deutsche Nationalbibliothek verzeichnet diese Publikation in der Deutschen Nationalbibliografie; detaillierte bibliografische Daten sind im Internet über http://dnb.d-nb.de abrufbar.

MIX
Papier aus verantwortungsvollen Quellen
FSC® C083411

Übersetzung aus dem Italienischen: Jan Heberlein
Layout: Eva Kraskes, nach einer Idee
von Lübbeke | Naumann | Thoben
Kartographie: altancicek.design, www.altancicek.de
Kartenbasisinformationen aus Openstreetmap
© OpenStreetMap-Mitwirkende, ODbL
Druck und Bindung: CPI – Clausen & Bosse, Leck
Printed in Germany 2018
ISBN 978-3-7408-0356-8

Vorwort

Im Herzen des Mittelmeers liegen die maltesischen Inseln und bewahren das Andenken an ihre Vergangenheit. Vorgeschichtliche Hypogäen, unterirdische Kulträume, hüten die Geheimnisse antiker Religionen. Buchten und schwindelerregende Klippen erheben sich aus dem Meer. Imposante Festungen und barocke Paläste erwecken die goldene Ära der Kreuzritter und die furchtbaren Schlachten der vergangenen Jahrhunderte wieder zum Leben.

Schaut man auf die Karte, mutet es wie ein Kinderspiel an, Malta, Gozo und Comino ihre Geheimnisse in kürzester Zeit zu entlocken. Aber glauben Sie nicht, dass es so einfach ist: Abseits ihrer sonnigen und gut bekannten Motive verbergen die Inseln geheime Winkel, Genüsse und Kleinode, die erst auf den zweiten Blick zu entdecken sind. Man muss Geduld haben, die Höflichkeit der Malteser und Gozitaner in Anspruch nehmen, sich auf den Lebensrhythmus der Inseln einlassen und Schritt für Schritt ihren Gewohnheiten und den lokalen Traditionen folgen. Der Maltesische Archipel ist auch ein Ort einzigartiger und sehr mediterraner Genüsse: Herzhafte warme *pastizzi* und guter Wein, feinster Honig, frischer Käse, würziger Kaninchenbraten und fangfrischer Fisch, die Seele der maltesischen Küche, können Sie mit Blick aufs Meer oder unter einem Laubengang in den Restaurants auf Malta und Gozo genießen.

Je mehr man Malta erkundet, desto mehr Lust bekommt man, die Suche fortzusetzen und alle seine unberührten Landschaften und die Legenden der Vergangenheit kennenzulernen, auf die die Malteser so stolz sind. Zusammen mit der Europäischen Kulturhauptstadt 2018, Valletta, lädt dieser Reiseführer ein, die Schätze Maltas an 111 Orten in 111 Geschichten zu erleben: Von den gezählten Stunden für den Teufel, den Gassen von »Game of Thrones«, den Spuren von Corto Maltese bis zu den noch stehenden oder bereits eingestürzten Felsbögen werden diese kleinen und unvergleichlichen Inseln, die dem Kontinent so nahe sind, aber manchmal auch im Mittelmeer, dem Meer Europas, verloren scheinen, Sie 111-mal überraschen.

111 Orte

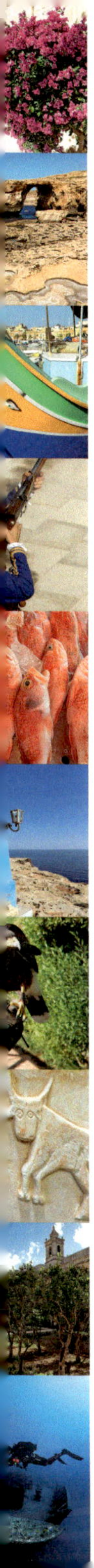

1 Die Kapelle Santa Marija

Die Rückkehr aus dem Exil

An einem der abgelegensten und einsamsten Orte des Maltesischen Archipels erinnert eine kleine Kapelle an Glauben und Traditionen der Byzantiner. Santa Marija, unweit vom Meer, dem Anleger und den Bungalows des einzigen Hotels der Insel auf der Nordseite von Comino gelegen, ist ein uralter Bau, in dem einer der wenigen Freuden im Leben der Mutter Gottes gedacht wird, nämlich der Rückkehr Marias, Josefs und Jesu aus Ägypten, nachdem ihnen ein Engel den Tod des grausamen Herodes verkündet hatte. Laut Historikern spielt dieses Motiv in der Ostkirche bis heute eine wichtige Rolle, und auch der Grundriss des Kirchleins von Comino verrät den byzantinischen Ursprung.

Früher lebte auf dem steinigen Eiland von Comino eine kleine Gemeinschaft von Bauern (begünstigt durch die wenigen Süßwasserquellen), aber erst der Bau des Turms von Santa Marija durch den Orden (siehe Ort 2) hauchte dem inzwischen wieder verlassenen Comino neues Leben ein.

Die Kapelle wurde mehrmals restauriert, bis sie 1716 durch die Hinzufügung eines Kirchplatzes und die Errichtung eines kleinen Glockengiebels mit seinen drei Bögen ihre heutige Form erhielt. Innen ist sie eine griechisch-orthodoxe Kirche, mit einer klaren Trennung zwischen dem Raum für die Gläubigen und dem der Kleriker, die die Liturgie vollziehen.

Auf dem Altar zeigt ein Gemälde aus dem 19. Jahrhundert die Heilige Familie mit einem das Maultier führenden Engel und Maria, die mit Jesus an der Hand auf dem Weg nach Hause ist. Es handelt sich um ein sehr seltenes Motiv, wird doch in der normalen christlichen Ikonografie stets die Flucht in das Land des Nils und nicht die Rückkehr aus dem ägyptischen Exil behandelt.

In der warmen Jahreszeit wird die Messe jeden Samstagabend und Sonntagmorgen abgehalten, und zum örtlichen Heiligenfest am 19. August sieht man in Comino auch mal so etwas wie eine Menschenansammlung …

Adresse im Norden von Comino | **ÖPNV** mit einem Touristenboot von Mġarr und
e Ħondoq ir-Rummien (Gozo) oder Ċirkewwa (Malta) | **Tipp** Die einzige Unterkunft auf der Insel sind die Zimmer und Bungalows des Comino Hotel (www.cominohotel.com), das nur in der Hauptsaison geöffnet ist.

2 Der Turm von Santa Marija

Ist das hier das Château d'If?

»Dantès suchte die Dunkelheit zu durchdringen, da sah er in einiger Entfernung aus steilen, schwarzen Felsen das schauerliche Schloß If aufragen.«

So beschreibt Alexandre Dumas, auf den Seiten seines berühmten Romans »Der Graf von Monte Christo«, die erste Begegnung seines Helden mit der Strafanstalt, die ihn erwartet.

»... Der Anblick dieses unheimlichen Gebäudes wirkte auf Dantès so furchtbar wie auf einen zum Tode Verurteilten der Anblick des Schafotts ...«

Nicht alle wissen, dass sich neben dem schauerlichen Château d'If auf einer kleinen Insel vor Marseille auch eines auf dem maltesischen Comino erhebt. Der massive Turm von Santa Marija, gut sichtbar auf dem höchsten Punkt des kleinen Eilands zwischen Gozo und Malta gelegen, wurde 2002 für die Dreharbeiten des Films »The Count of Monte Cristo« von Kevin Reynolds ausgewählt, der von der Filmkritik als »unterhaltsame Erzählung im Mantel-und-Degen-Stil« bezeichnet wird.

Überlassen wir Edmond Dantès und den Abt Faria wieder der Phantasie und widmen uns dem Turm, der 1618 wegen des schwer zugänglichen Standorts unter beträchtlichem Aufwand errichtet wurde, zwölf Meter hoch ist und von beeindruckenden, bis zu sechs Meter dicken Mauern umgeben wird. In der Festung befand sich eine kleine, dem heiligen Josef geweihte Kapelle. Bis zu 60 Soldaten und sechs Kanonen konnte die Anlage beherbergen.

Im 18. Jahrhundert diente dieses abgelegene Fort der Bestrafung von Rittern, die sich kleinerer Vergehen oder Übertretungen schuldig gemacht hatten und lange Wochen des Arrests in der Stille von Comino zubringen mussten.

Die Spuren der Zeit wurden von 2002 durchgeführten Restaurierungsarbeiten getilgt. Heute steht der Turm unter der Verwaltung des Din l-Art Helwa (National Trust of Malta) und kann in der gesamten Hauptsaison besichtigt werden.

Adresse Torri ta' Santa Marija, südwestliches Comino | **ÖPNV** mit dem Schiff bis nach Comino, dann zu Fuß | **Öffnungszeiten** April–Okt. Do–So 10.30–15 Uhr (wenn die Fahne aushängt) | **Tipp** Einer der beliebtesten und berühmtesten Badeorte der Insel ist die Blue Lagoon, unterhalb der Klippen des Turms von Santa Marija, wo man im Sommer auch Erfrischungen erhält.

3 Azure Window

Archäologie eines Zusammenbruchs

Der große, von der Natur geformte Bogen des Blauen Fensters – den die Malteser it-Tieqa Żerqa, auf Englisch Azure Window, nannten – hatte sich an der Bucht von Dwejra durch den Einsturz einer riesigen, von den Wellen ausgewaschenen Meeresgrotte gebildet. Chronisten, die die Gegend bis zu Beginn des 19. Jahrhunderts bereisten, haben den Bogen nie erwähnt, was nahelegt, dass das erhabene Kalksteingebilde durch den Einsturz seiner großen Mutterhöhle erst vor zwei Jahrhunderten entstand.

Der etwa 30 Meter hohe Bogen war jahrzehntelang eines der Wahrzeichen der Insel und ihrer Küsten. Tausende Touristen haben ihn besichtigt und ein paar verrückte Kletterer sogar seine Steilwände bestiegen.

Nicht selten haben Filmsets mit berühmten Schauspielern und Doubles seine Faszinationskraft genutzt. Fans der erfolgreichen Serie »Game of Thrones« werden sich sicher an das mächtige Fenster erinnern, vor dem sich Hunderte wilder Dothraki in einer der ersten Folgen des Heldenepos tummeln. Aber hier, mit bester Sicht auf den Bogen, wurden auch Szenen aus »Der Graf von Monte Christo« oder des etwas jüngeren Fantasy-Spektakels »Kampf der Titanen« gedreht.

Als Motiv (oder Hintergrund) von Fotos, Filmen, Millionen von Selfies und unzähligen Werbekampagnen ist der alte Bogen nun mit einem Schlag von der Szene abgetreten, wie es große Schauspieler tun.

Um circa 9.40 Uhr des 8. März 2017 führte eine heftige Sturmflut zum Einsturz des Außenpfeilers. In kürzester Zeit stürzte tonnenweise Gestein ins Meer und wurde von den Wellen verschlungen.

Vom einfachen Bürger bis hin zu Regierungsmitgliedern zeigten sich die Malteser vom »großen Verlust für das kulturelle Erbe Maltas« erschüttert, traurig und wehmütig. Dann kehrte in Dwejra wieder Stille ein. Die einzig mögliche Reaktion auf die verheerende Auswirkung der Naturgewalten, die Tag für Tag die zerklüfteten Küsten des Mittelmeers modellieren.

Adresse Dwejra Bay, Gozo | ÖPNV Dwejra (Bus 311), dann zehn Minuten zu Fuß in Richtung Triq id-Dwejra laufen und in den ersten Pfad rechts einbiegen | Tipp Unweit des Parkplatzes von Dwejra Bay steht die kleine Kapelle von Sant'Anna, eine der jüngsten in Gozo gegründeten Kirchen. Am 26. Juli wird das Fest der Heiligen begangen.

4 Inland Sea

Das Binnenmeer

Auch wenn der Wind nur so bläst, das Meer schäumt und die Wellen sich an den Felsen der wilden Küste von Dwejra brechen, gibt es einen Ort, an dem die kleinen Fischerboote ruhig und ungestört vom Unwetter dahinschaukeln.

Dies sind die ruhigen Wasser der kleinen Lagune der Inland Sea, die die Malteser unter dem Namen il-Qawra kennen und die einst der Innenraum einer gigantischen Meeresgrotte war.

Als das Gewölbe der Höhle aufgrund der Risse im Stein einstürzte, erblickte die kleine Bucht das Licht der Sonne. Heute wird sie auf der einen Seite von einer Steilwand und auf der anderen von einem Strand eingefasst, der sich sanft zum Meer hin absenkt. In der Felswand befindet sich die Öffnung eines engen Durchbruchs, der die Binnensee mit dem Meer verbindet.

Dieser um die 30 Meter lange natürliche Tunnel wird bei ruhiger See von den Booten der Fischer und Touristen sowie von einigen Tauchern durchquert, die ihr Unterwasserabenteuer bevorzugt am ruhigen Strand der kleinen marineblauen Bucht starten. Unmittelbar hinter der Einfahrt fällt der Meeresboden auf mehr als 35 Meter Tiefe ab, was Taucherherzen höherschlagen lässt: Schon der große Jacques-Yves Cousteau hatte von diesem Teil der Küste von Gozo mit ihrer faszinierenden Unterwasserwelt geschwärmt. Aber Vorsicht beim Einstieg! Es könnte sehr glatt sein!

An den Ufern der Bucht gibt es keine eigentlichen Häuser, sondern nur ein paar zum Trocknen aufgehängte Fischernetze, einige kleine Bootsgaragen (mit Pergola und Sonnenliegen für die wärmsten Monate) und eine Bar mit Restaurant, wo die Besucher früher anlangten, um den nahen, heute verschwundenen Bogen des Azure Window zu bewundern (siehe Ort 3).

Von oben kann man mit bloßen Augen nur noch die Abmessungen der eingestürzten Grotte in der heutigen Bucht erahnen. Erst auf Satellitenbildern von Google Maps treten diese in ihrer beeindruckenden Dimension zutage.

Adresse Dwejra, Gozo | **ÖPNV** Dwejra (Bus 311) | **Tipp** An der Küste unweit der Reste des Azure Window stößt man auf den Fungus Rock, einen Felsen, der seinen Namen einer Pflanzenart verdankt, die laut den Rittern Heilkräfte besaß und nur auf dem Gipfel der Klippe wächst.

5 Die Kirche der Heimsuchung Mariens

Wie auf der Piazza Navona

Am 28. September 1755 fand vor einer ausgelassenen Menge die feierliche Einweihung der Kirche der Heimsuchung Mariens in Għarb statt. Der neue Kirchenbau war durch die Zunahme der Bevölkerung des Ortes nötig geworden, die schon lange nicht mehr in die kleine Kapelle von Taż-Żejt in der Nähe des Friedhofs passte. Nur wenige der Anwesenden ahnten wohl, dass die neue große Pfarrkirche (die 1774 die zweite Stiftskirche von Gozo wurde und der Papst Paul VI. 1967 den Status einer Basilika verlieh) bei genauerem Hinsehen an einen viel berühmteren Bau erinnert.

Denn die konkave Fassade imitiert genau den Bauplan der Kirche Sant'Agnese in Agone auf der Piazza Navona in Rom, wie er von Francesco Borromini Mitte des 17. Jahrhunderts umgesetzt wurde. Aufgrund der tiefen Feindschaft zwischen Borromini und Gian Lorenzo Bernini errichtete dieser (dem das Bauvorhaben wohl vor der Nase weggeschnappt worden war) vor der Kirche den Brunnen, der den großen Flüssen der Welt gewidmet ist und eine Skulptur des Rio de la Plata trägt. Dessen Arm soll der Überlieferung nach ausgestreckt sein, um den Brunnen vor dem bevorstehenden Einsturz des Kirchenbaus zu bewahren.

Zum Glück stehen beide Kirchen noch, und heute zeigt die Pfarrkirche von Għarb (geschmückt mit dem päpstlichen Wappen) über ihrem von Engelchen gestützten Portal stolz die Statue der Eucharistie sowie neben dem Eingang die Figuren der Caritas und des Glaubens. Das Fest wird in der ersten Juliwoche gefeiert.

Anlässlich einer jüngst durchgeführten Restaurierung wurde auf dem Platz vor der Kirche ein neuer Meridian eingelassen, zusammen mit einer ganz besonderen Sonnenuhr. Eine Säule oder einen Pfeiler, der seinen Schatten auf das Zifferblatt projiziert, sucht man hier vergebens: Um die genaue Uhrzeit zu ermitteln, muss man nur die Füße auf die am Boden abgetragenen Monatssymbole setzen, und unser Schatten zeigt sie uns an.

Adresse Pjazza Zjara tal-Madonna, Għarb, Gozo | ÖPNV Għarb (Bus 312) | Tipp Auf der Triq Il Knisja bietet das Restaurant Il-Kunvent am Sitz des Vizitazzjioni Band Club familiäre Küche und einige Tische im Freien.

6 San Dimitri

Zu Pferde auf den Wellen reitend

Die Küsten Gozos, dem Meer schutzlos preisgegeben, wurden immer wieder von Soldaten, Händlern und Piraten heimgesucht. Seit jeher leben die Inselbewohner mit der Präsenz des Mittelmeers und seinen Gefahren. Es überrascht daher nicht, dass sich viele lokale Sagen und Traditionen um das Meer, Raubzüge und Plünderungen ranken, denen natürlich ebenso viele Legenden vom Beistand der Heiligen an die Seite zu stellen sind, die als Retter in der Not erschienen.

Die kleine Kapelle von San Dimitri, nahe der Küste und den Häusern von Għarb, ist eines der beredten Zeugnisse der uralten Geschichten der Insel und verdankt ihren Namen den Klippen Ras San Mitri (also des heiligen Demetrios).

Die Legende erzählt von der Entführung des jungen Matteo, Sohn einer alten Bäuerin mit Namen Natalizja Cauchi, von allen Żgugina genannt, die in einer finsteren Nacht stattfand, als eine Bande Seeräuber unweit der Küste ihr Unwesen trieb. Die alte Bäuerin lief schnurstracks in die Kapelle, um den heiligen Demetrios um Hilfe zu bitten, und versprach ihm, dass sie bei Rettung des Jungen immer ein Öllicht vor seinem Gemälde leuchten lassen wolle. Demetrios – zu Lebzeiten einer der ersten Bischöfe Alexandrias – galoppierte hoch zu Ross aus dem Gemälde zur Rettung von Matteo, den er vom Korsarenschiff befreite und heil zur Mutter zurückbrachte.

Vom Wunder gibt es nur noch eine Spur zu sehen: den Abdruck eines Pferdehufs auf einem Felsen. Aber die Geschichte ist damit noch nicht zu Ende: Als die Kirche Jahre später bei einem Erdbeben ins Meer stürzte, beschloss man (wohl im Jahr 1736), sie in der heutigen Form wieder neu zu errichten. Aber mehrmals hatten Matrosen, die in den Wassern vor den Klippen tauchten, berichtet, die noch intakte Kapelle dort unten gesehen zu haben, beleuchtet vom hellen Licht der frommen Żgugina. Das Fest zu Ehren des griechischen Heiligen wird jeden ersten Sonntag nach dem 9. Oktober mit großem Pomp und Scharen von Gläubigen gefeiert, nur einen kurzen Ritt von einer der wildesten und spektakulärsten Küsten der maltesischen Inseln entfernt.

Adresse Għarb, Gozo | **ÖPNV** Hongur (Bus 312) | **Öffnungszeiten** zu Messen und Veranstaltungen | **Tipp** Ein circa anderthalbstündiger Spaziergang führt vom Zentrum von Għarb zur Inland Sea von Dwejra über San Lawrenz.

7__Der Leuchtturm Ta' Ġurdan

Ein Lichtstrahl über 70 Kilometer

Die kleine Straße schlängelt sich durch die Felder mit Blick auf die letzten Häuser von Għasri, um dann auf einen Klippenausläufer zuzusteuern, der hoch über der Küste thront. Ein steiler, aber kurzer Aufstieg steht uns bevor, an dessen Ende wir einen Parkplatz passieren und schließlich das Hochplateau erreichen, wo sich der imposante Turm des Fanal Ta' Ġurdan inmitten der Macchia und der Agaven befindet.

Von hier oben ist der Ausblick spektakulär: Das offene Meer nimmt den gesamten Horizont ein, rechts erstreckt sich die Küste nach Marsalforn, und auf der Linken, zwischen den Felsen des Kliffs, sieht man den höchsten Teil des Felsentores von Wied il-Mielaħ (siehe Ort 10).

Der Leuchtturm wurde 1851 auf dieser Hochebene circa 160 Meter über dem Meer auf den Resten eines Vorgängerbaus aus dem ausgehenden 17. Jahrhundert angelegt, von dem nicht viel überliefert ist. Wir wissen jedoch, dass das Leuchtfeuer am 15. Oktober 1853 zum ersten Mal erstrahlte und dass 1857 die Öllampen durch 21 Kerosinlampen ersetzt wurden, die man in Siebener-Blöcken auf jede der drei Seiten der Lichtanlage installierte. Das vom Leuchtturm produzierte Licht war so stark, berichten zeitgenössische Quellen, dass es noch bis zu 38 Seemeilen, also circa 70 Kilometer von der Küste aus, sichtbar blieb.

Im Zweiten Weltkrieg wurde hier eine Radaranlage errichtet, die den ersten Alarm bei Angriffen durch Bomber aus Sizilien geben sollte. Die Kerosinlichtanlage wurde nach dem Krieg durch eine weniger starke elektrische Lampe ersetzt, deren Reichweite 54 Kilometer betrug. Heute reicht das Licht nach einer erneuten Veränderung noch 20 Seemeilen (circa 37 Kilometer) und sendet alle 7,5 Sekunden einen weißen Lichtstrahl aus.

Dieses Kap ist sicherlich einer der schönsten Aussichtspunkte von Gozo. Mit ein wenig Geduld kann man in der Ferne die Dörfer, die Kuppeln der Pfarrkirchen und die Mauern der Zitadelle von Victoria ausmachen. Manchmal trifft man auch auf den Leuchtturmwärter. Fragen Sie ihn, ob er Sie freundlicherweise bis zur Lampenanlage auf 21 Meter Höhe hinaufsteigen lässt, wo man einen noch besseren Blick genießt.

Adresse Triq il-Lanterna, Għasri, Gozo | **ÖPNV** Fanal (Bus 308) | **Tipp** Ganz in der Nähe liegt das Heiligtum von Ta' Pinu, eines der beeindruckendsten auf Gozo, mit einem Pilgerweg, der auf dem letzten Kilometer von Statuen und Fresken gesäumt ist (Triq ta' Pinu).

8 Der Brunnen von Lunzjata

Das grüne Tal von Gozo

In den Morgenstunden eines Sommertages, während die ersten Sonnenstrahlen das Land um Kerċem ertasten, liegt das Tal von Lunzjata noch im Schatten. Die Feuchtigkeit der Nacht hat so noch Zeit, auf den Obstgärten und den bestellten Feldern zu ruhen und die Luft mit dem Hauch feuchter Erde anzufüllen. Ein kurzer Weg beginnt am kleinen mittelalterlichen, der Verkündigung geweihten Kirchlein, geht über eine Brücke und führt sanft ins Tal hinab, wo einige spärliche Quellen Landwirtschaft ermöglicht haben und ein Bach heiter in Richtung des Tals von Xlendi fließt.

In der häufig kargen und steinigen Gegend von Gozo war dieser abgeschiedene Teil schon immer bei den Bewohnern Gozos und auch bei den Rittern aufgrund seiner Wasserquellen und des Reichtums an Wild beliebt, sodass sie bald einen prächtigen, monumentalen Brunnen anlegen ließen. Überquert man die kleine Brücke, sieht man den Brunnen von Lunzjata aus dem typischen hellen Stein von Gozo schon von Weitem. Den Auftrag zum Bau erteilte der aragonesische Großmeister Ramon Perellos y Roccaful, der dem Orden von 1697 bis 1720 vorstand, einem Adligen italienischen Ursprungs aus der Familie der Testaferrata.

Auf den Aufbauten des Brunnens oberhalb der Leitung, aus der das Wasser in die große Wanne darunter sprudelt, sind die Wappen beider Bauherren angebracht: unten das Wappen der Testaferrata (die – *nomen est omen* – vom römischen Adelsgeschlecht der Capo di Ferro, »Eisenkopf«, abstammten) in Form eines hochsteigenden Stieres, während sich das Schild des Großmeisters im oberen Teil befindet.

Der Brunnen, der jahrhundertelang als Ort des Zusammenkommens diente und Generationen von Bauern auf Gozo mit Trinkwasser versorgte, wurde 2007 mit Mitteln der Stiftung Din l-Art Ħelwa (National Trust of Malta) in Zusammenarbeit mit der Alfred Mizzi Foundation, die als Sponsor des Vorhabens auftrat, vollständig restauriert. So hat Gozo seinen altehrwürdigen Brunnen der adligen Jagdgesellschaften von damals zurückerhalten.

Adresse Triq Petri, Kerċem, Gozo | ÖPNV Lunzjata (Bus 313) | Tipp In der nahen Kirche Qalb Mqaddsa ta' Ġesu (Heiliges Kreuz) von Fontana ist eine wunderschöne Orgel aus dem frühen 20. Jahrhundert zu sehen, die häufig bei Konzerten und Liederabenden gespielt wird.

9 Die Bucht von Angelina Jolie

Wie in der Provence

Drei Monate lang blieb 2015 eine der bezauberndsten Buchten von Gozo verschlossen. Im gesamten Gebiet von Mġarr ix-Xini, vom Gipfel der Steilküste bis zur schmalen Bucht, die von Felsen eingerahmt ist, war eine namhafte Crew dabei, den Film »By the Sea« zu drehen.

Der von Angelina Jolie geschriebene und gedrehte Streifen hatte Horden von Technikern, Kameramännern, Schauspielern, Requisiteuren, Tontechnikern und Maschinenmeistern an die Küste von Gozo verschlagen, einschließlich ihres berühmten Ehemanns Brad Pitt. Dem Film, der in Südfrankreich spielt, war ein mäßiger Erfolg beschieden, auch wenn er bei einigen Maltesern einen gewissen Groll bewirkte, wurden doch ihre Küsten dem breiten Publikum als die *»douce côte de Provence«* verkauft.

Nachdem Hollywood seine dreimonatige Absperrung aufgehoben hatte, kehrte in Mġarr ix-Xini wieder Frieden ein. Man kann wieder an einem der wenigen Tische einer Trattoria mit ihren Sonnenschirmen direkt am Meer dem süßen Klang der Brandung lauschen. Hier lassen sich auch Sonnenliegen ausleihen, wenn man es unter dem Strandhandtuch nicht gern steinig mag.

Zur Mittagszeit liegt der Geruch von gebratenem Fisch und Meeresfrüchten in der Luft und zieht auch den diätbewusstesten Badegast unwiderstehlich an. Am Abend wird der Ort mit dem abnehmenden Licht, das den Horizont ausfüllt, auch in der Realität und nicht nur auf der Leinwand zur einzigartigen Location.

Die Straße, die zu dieser kleinen Bucht mit ihrem Wachturm vor dem offenen Meer führt, beginnt auf der südlichen Hochebene Gozos beim Ort und Hotel Ta' Ċenċ. Auf dem Weg passiert man einen kleinen Canyon, auf dessen Wänden zahlreiche Klettersteige angelegt wurden. Es sind knapp drei Kilometer, die man bergab bequem zu Fuß bewältigt, in der Hoffnung, auf dem Rückweg eine nette Mitfahrtgelegenheit zu erhaschen, um sich den Wiederaufstieg in der größten Hitze zu ersparen.

Adresse Mġarr ix-Xini, Gozo | ÖPNV Ċenċ (Bus 305), dann 30-minütiger Fußweg; vom Fährhafen von Mġarr sind es zu Fuß circa 3,5 Kilometer; im Auto kann man Parkplätze in unmittelbarer Strandnähe finden. | Tipp In der Sommersaison ist am Westufer der Bucht das Strandrestaurant des Hotels Ta' Ċenċ geöffnet, der Kantra Beach Club (www.tacenc.com).

10 Das letzte Felsentor

Der Erbe des »Blauen Fensters«

Nun, eigentlich ist es gar nicht das letzte seiner Art, denn Bögen und Grotten findet man an den schwindelerregenden Klippen von Gozo mehr als genug. Aber das Felsentor am Ende des Wied il-Mielaħ ist das beeindruckendste von allen. Nach dem Einsturz des »Blauen Fensters« im März 2017 wurde dieses versteckte Naturdenkmal immer beliebter, weil man von hier aus eine bezaubernde Wanderung an der Nordküste bis zur Bucht von Xwejni und den alten Salinen unternehmen kann.

Man erreicht das Felsentor bequem zu Fuß vom Zentrum von Għarb aus, oder man fährt mit dem Auto bis zum kleinen Platz an der Schotterstraße, wo eine Stein- und Betontreppe bis zu den Pfeilern des Felsenportals führt.

Der Name »it-Tieqa« bedeutet »das Fenster«, und die Form des gigantischen Bogens lässt den Namen vollauf angemessen erscheinen. Auf seinen Pfeilern, die über mehr als 20 Meter steil ins Meer abfallen, kann man manchmal bunt gekleidete Freeclimber sehen: Mit der gebotenen Vorsicht können sich auch Nichtkletterer bis zum Rand der Klippe wagen, um das Felsentor zu bewundern, das man von unten nicht vollständig sieht.

Nach dem Einsturz des »Blauen Fensters« hat sich der Stadtrat von Għarb (berechtigterweise) besorgt über die Zunahme von Besuchern und Touristen gezeigt: Vorschriften und Regelungen werden nötig sein, um zu vermeiden, dass der kleine Platz an der Küste zugeparkt wird. Aber warum sollte man überhaupt mit dem Auto kommen? Im Rahmen einer schönen Wanderung vom Ort aus, den man bequem mit öffentlichen Bussen erreicht, kann man sich, mit einer Wasserflasche und einem Hut ausgerüstet, in die Natur eines der wildesten Teile der Insel versenken, der nun angesichts der neuen Berühmtheit seines Felsentores aufgewertet und ausgebaut wird.

Beeilen Sie sich daher mit Ihrem Besuch! Die Malteser sind sich sicher, dass dieser Ort bald zu den meistfotografierten des gesamten Archipels zählen wird.

Adresse Wied il-Mielaħ, Gozo | ÖPNV Der Abstieg zum Felsentor beginnt im Zentrum von Għarb (wo der Bus 312 hält), indem man Triq Il-Blata, dann Triq ta' Wied il-Mielaħ folgt: Zu Fuß sind es circa 30 Minuten. | Tipp Unweit vom Zentrum von Għarb bietet die Massar Winery gegen Reservierung eine Verkostung ihrer lokalen Weine an, darunter Nero d'Avola, Sangiovese, Chardonnay und Vermentino (Trejqa tas-sisien 115a, Tel. 99863529, www.tal-massarwinery.business.site).

11_Mekren's Bakery

Die traditionelle Ftira

Während der heißesten Stunden des Tages kehrt Stille in die Sträßchen im Zentrum von Nadur ein. Vor dem dunklen Eingang der Mekren's Bakery weisen nur ein winziges Tischchen mit zwei rustikalen Stühlen auf das Bestehen der kleinen, in den 30er Jahren eröffneten Bäckerei hin.

Aus der Nähe bemerkt man einige Autos und das Kommen und Gehen der Einheimischen und wenigen Touristen, die ihre Bestellungen aufgeben oder sich umschauen, was gerade den alten Holzofen verlassen hat.

Da gibt es das knusprige, duftende Brot, das die Malteser so lieben. Auf einer Seite lagern Backformen voller *qassatat*, kleiner mit Schafskäse gefüllter Rosetten, Gebäck und manchmal auch im Ofen gebackenes Schweinefleisch. Aber über allem thront die Ftira, das flache, ungesäuerte Malteser Brot, das an eine Pizza erinnert und in zahlreichen Varianten angeboten wird: als *ġbejniet*, also mit Ziegenkäse und Eiern, mit Kapern und Oliven oder auch mit Thunfisch und Kartoffeln. Sehr viel kalorienreicher – aber vor allem bei Touristen beliebt – ist die *bragioli ftira*, garniert und gewürzt mit Rindfleisch, Bacon, Tomaten, Eiern und Knoblauch.

Feine Gaumen sind sich sicher, dass die gozitanische Ftira par excellence die aus Nadur ist, auch wenn es nicht an Bäckereien und Restaurants fehlt, die ihre eigenen Versionen feilbieten. Denn unter derselben Bezeichnung versteht man auf der Insel verschiedene Spezialitäten. Dennoch gibt es einige Gemeinsamkeiten, die die echte Ftira aus Gozo ausmachen: Die Grundzutaten haben unbedingt Mehl, Wasser, Salz und Bierhefe zu sein. Nachdem man den Teig drei Stunden hat ruhen lassen, muss er erneut geknetet und dann einige Minuten im Holzofen gebacken werden.

Für die ganz Genauen sei gesagt, dass die Backtemperatur zwischen 250 und 270 Grad liegen muss. Und dass die Ftira nach dem Backen innerhalb weniger Minuten verzehrt oder erneut erwärmt werden muss, aber bitte schön immer im Ofen!

Adresse Triq Ħanaq, Nadur, Gozo | ÖPNV Blas (Bus 303), Dicembru (Bus 303) | Öffnungszeiten täglich 9–19 Uhr, Di 9–17 Uhr, Tel. 21552342 | Tipp Die wenigen Gästezimmer des Quaint Boutique Hotel sind sehr besonders, modern und gepflegt (Triq Dicembru 13, Nadur, Tel. 22108500, www.quainthotelsgozo.com) und liegen nur wenige Meter von der Bäckerei entfernt.

12_Torri ta' Kenuna

Der alte Signalturm

Der Duft der mediterranen Macchia umgibt den Gast des kleinen botanischen Gartens an den Hängen von Nadur. Die Aussicht von hier oben ist bezaubernd: Die Meeresenge von Comino scheint zum Greifen nahe, und die Blue Lagoon glänzt türkisfarben, wenn die Sonne scheint.

In der Mitte des Gartens steht der Turm, 130 Meter über dem Meer, an einem der höchsten Punkte der Küste. Hier wurde er errichtet, um Signale mit ähnlichen Bauten auf der Insel Malta in Għargħur und Għaxaq auszutauschen.

Das System der Semaphore (Winkeralphabet) wurde Ende des 18. Jahrhunderts erfunden, aber auf Malta führten es die Engländer erst um 1840 ein. Zunächst wollte man an den dazu benötigten Bauten sparen und die notwendigen Apparaturen an den Kirchtürmen befestigen. Aufgrund der höflichen, aber bestimmten Weigerung durch die Kirchenoberen mussten neue Signaltürme errichtet werden. Nach fast einem Jahrhundert Betrieb, den die Royal Engineers sichergestellt hatten, wurde der Turm im Zweiten Weltkrieg mit Radaranlagen bestückt, die den Himmel nach feindlichen Bombern aus dem nahen Sizilien absuchen sollten.

Viele Jahre lang stand der Turm verlassen, bis die alte Semaphor-Anlage nach einem Plan des Architekturbüros AP aus La Valletta (dasselbe, das den Barrakka Lift gestaltet hat, siehe Ort 83) im Jahr 2005 saniert wurde.

Alle neuen Gerätschaften werden von einem Metallpfeiler getragen, der den alten Teil des Baus durchquert, ohne ihn zu berühren. Das Dach aus Metall und Glas erinnert kurioserweise an die alten früheren Semaphor-Anlagen.

Seine aktuelle Funktion ist der ursprünglichen recht ähnlich: Mit den futuristischen Antennen werden die nötigen Daten empfangen, um Gozo an das Malteser Netz anzuschließen. Eine zeitgemäße Verwendung für einen historischen Turm also, der an einem der spektakulärsten Aussichtspunkte der Insel aufgestellt wurde.

Adresse Triq l- Arċipriet Saver Cassar, Nadur, Gozo | **ÖPNV** Suter (Bus 302 von Victoria-Rabat; 303 von Mġarr) | **Tipp** Die Pfarrkirche Sacred Heart of Jesus (Qalb Mqaddsa ta' Gesu') von Nadur bewahrt eine Reihe farbenprächtiger Statuen auf, die teilweise aus Bozen stammen und die Figuren der Passion Christi vorstellen.

13_Das Restaurant Xerri il-Bukkett

Die Tradition des Boccia-Spiels

Es geschieht eher selten, auf einer Speisekarte oder auf der Webseite eines Restaurants Angaben wie diese zu finden: »Wenn Sie gern Boccia spielen, steht Ihnen allen dafür ein eigener Raum zur Verfügung.«

Und doch gibt es auf Malta und Gozo, wo die Kunst der Kugeln zu Hause ist, auch dies: Viele Zirkel, Bandclubs, Cafés, Sportvereine und Restaurants reservieren für die Liebhaber der *french boules*, also der französischen Variante, eigene Räumlichkeiten.

Auf Malta stehen wie in Italien den Spielern normalerweise glatt gewalzte Sandbahnen zur Verfügung, die sich für die feinen und die tollkühnsten Würfe eignen. Ganz im Unterschied zum Süden Frankreichs oder Korsika, wo man überall, auch auf unebenem, holprigem Grund oder gar auf Straßen im Schatten der Bäume an langen Nachmittagen spielt und die Fertigkeit der Spieler sich darin äußert, dass sie neben der Präzision des Wurfs auch voraussehen müssen, wie Steinchen, Blätter und Löcher den Lauf ihrer glänzenden Kugeln beeinflussen werden.

Auf der Anhöhe von Qala, mit Blick auf das außerordentliche Spektakel der Meerenge von Comino, mit dem Inselchen im Zentrum und der Küste von Malta im Hintergrund, ist das Restaurant Il Bukkett einer der Tempel dieses besonderen Sports, dem die Gozitaner hier, wie auch in Italien, häufig mit einem Glas Wein in der Hand frönen. Die talentiertesten Spieler erscheinen unfehlbar zum Aperitif und machen sich nach einigen lautstarken Partien und vielem Schwatz zur Essenszeit wieder auf den Weg nach Hause, vielleicht zum heimischen Herd von gestrengen Ehefrauen, Müttern oder Verlobten zurückgetrieben.

Wer keine gute Küche hat, die ihn erwartet, der kann sich hier am Ende seiner Boccia-Partie ruhig auf einer der Terrassen des Restaurants niederlassen, um Pasta, fangfrischen Fisch oder Kaninchen und Lamm zu speisen, vor dem herrlichen Panorama der Boote und Fähren, die rastlos die Meerenge passieren.

Adresse Triq Iż-Żewwieqa, Il-Qala, Gozo | **ÖPNV** Buttigieg (Bus 303) | **Öffnungszeiten** jeden Tag zum Mittag- und Abendessen (www.ilbukkett.monwebpro.com) | **Tipp** Nur vier Zimmer, allerdings mit berauschender Aussicht, bietet das B&B Ferrieħa (www.ferriehafarmhouse.com) in der Nähe zum Restaurant und seinen Bocciabahnen.

14 Die alten Kerker

Jahrhundertealte Graffiti

Der alte Kerker der Zitadelle von Victoria am Platz der Kathedrale neben dem Gericht hat eine sehr lange Geschichte. Seit der Ankunft der Ritter auf Malta wurden hier Verbrecher und Verurteilte eingesperrt, aber auch junge raufllustige und undisziplinierte Anwärter des Ordens mussten vorübergehend schmoren.

Unter diesen befand sich auch Jean Parisot de La Valette, der später Großmeister werden und die Ordenstruppen während der Großen Belagerung führen sollte.

Sein Zwangsaufenthalt in den Gefängnissen von Gozo wurde 1538 angeordnet, nachdem er einen Mann angegriffen hatte, und währte vier Monate, in denen er Fronarbeit an den Mauern oder beim Straßenbau und bei der Beerdigung der durch Krankheit oder Epidemien Verstorbenen leisten musste.

Die alten Kerker wurden 1904 geschlossen. Nach dem Verlust ihrer ursprünglichen Funktion blieben die Wände jahrzehntelang von einer dicken Schicht Kalk überzogen, den man vielleicht auftrug, um das Dunkel der winzigen Zellen ein wenig aufzuhellen oder um eine gewisse Hygiene zu gewährleisten. Als der Putz bei Renovierungsarbeiten im Jahr 1996 abgetragen wurde, kamen auf dem Stein darunter Dutzende von Graffiti ans Licht.

So erfahren Besucher des mittlerweile zum Museum gewordenen Kerkers viel über die Insassen, wie zum Beispiel, dass ihre Ernährung aus Nudeln oder Brot, Trockenfisch und ein paar Oliven bestand. Aber das wirklich Faszinierende an diesem Ort sind die vielen Motive, die geduldig und mühsam in den hellen Stein geritzt wurden und die wir uns eingehender anschauen sollten.

Viele der zu Zwangsarbeit Verurteilten mussten auf den Segelschiffen des 18. und 19. Jahrhunderts oder den Rudergaleeren schuften. Sie haben ihren Handabdruck oder Unterschriften, Porträts und Daten hinterlassen, und auch die quadratischen Kreuze des Ritterordens fehlen nicht sowie Symbole, die an den Freimaurerorden auf Malta erinnern.

Adresse Pjazza Katidral, Victoria-Rabat, Gozo | ÖPNV Mizzi (Bus 301, 303) | Öffnungszeiten 9–17 Uhr, www.heritagemalta.org | Tipp Das Jubilee Café an der Pjazza l-Indipendenza zu Füßen der Festung ist mit seinen von Gemälden und Täfelungen verzierten Holzwänden und seinen Steingewölben eine Adresse, um eine Retro-Atmosphäre zu genießen.

15__Die Kathedrale von Santa Marija

Die falsche Kuppel

Der Torbogen, durch den der Besucher ins Innere der perfekt restaurierten Zitadelle von Victoria-Rabat gelangt, führt ihn vor die Kathedrale Santa Marija. Die Vorgängerkirche wurde durch das Erdbeben von 1693 (dem auch das sizilianische Städtchen Noto zum Opfer fiel) zerstört. Vier Jahre später wurde 1697 der Neubau vom Architekten Lorenzo Gafà realisiert. Er erhebt sich auf dem höchsten Punkt der Festung, wo in antiker Zeit bereits punische, später römische Tempel standen.

Auch wenn man es auf den ersten Blick nicht merkt, verbirgt die Kirche eine herbe Überraschung in Bezug auf ihre Kuppel. Besichtigt man das Kircheninnere, erhebt sich der Blick vom Mittelschiff nach oben, wo das 1739 mit Fresken des sizilianischen Malers Antonio Manuele versehene Gewölbe für eine luftige und aufsteigende Raumerfahrung sorgt. Schaut man jedoch während eines Spaziergangs auf den Festungsmauern zurück zum Kathedralenbau, um die Kuppel zu bewundern, muss man mit Schrecken feststellen, dass das mit Glockentürmen geschmückte Dach gar keine Kuppel aufweist.

Das Geheimnis ist das perfekt geplante und umgesetzte Fresko im Kircheninneren, ein gigantischer Trompe-l'Œil, der eine Kuppel suggeriert, die es in Wirklichkeit nicht gibt. Der architektonische Trick wurde an anderen Orten bereits früher eingesetzt, so in der grandiosen Kirche von Sant'Ignazio di Loyola in Rom. Dort wurde die Decke vom Jesuiten Andrea Pozzo bemalt, Ob finanzielle oder nur künstlerische Motive eine Rolle gespielt haben, wissen wir nicht (der Kuppelbau hätte sicherlich eine große Summe verschlungen).

Dem Urheber der falschen Kuppel von Gozo hat es aber offensichtlich Spaß gemacht, sie mit vielen Details zu verzieren: Auf den Pfeilerspitzen befinden sich große Blumenvasen, aus der Höhe fallen die Falten großer Samtvorhänge herab, und auf einem der falschen Fenster kann man gar die Silhouette eines Geckos ausmachen, der ohne Hast über das aufgemalte Glas stolziert.

Adresse Triq il-Kuleġġ, Victoria-Rabat, Gozo | **ÖPNV** Repubblika (Bus 308, 309, 310, 311, 312) | **Öffnungszeiten** Mo–Sa 9–17 Uhr, das Ticket berechtigt auch zum Eintritt in das Kathedralenmuseum | **Tipp** Auf dem Platz vor der Kathedrale erinnert eine Gedenktafel an Sir John Lintorn Arabin Simmons, Gouverneur von Malta, dem die Umbenennung der Stadt in Victoria 1887 zu verdanken ist.

16_Organika

Aromen und Genüsse aus Gozo

Auf den ersten Blick unterscheidet sich der kleine Laden nicht von seinesgleichen in der ganzen Welt. Das Sortiment ist breit gefächert, aber etwas erwartbar: kunsthandwerkliche Objekte, Seifen und Parfüms, fair und solidarisch gehandelt und vegan. Von bunten oder duftigen Kerzen, Armbändern, weichen Pashmina-Schals, geheimnisvollen Kristallen bis hin zu mysteriösen Lampen aus großen Steinsalzblöcken ist alles vertreten.

Aber nach dem ersten Eindruck werden Sie sorgfältiger auf die Waren in den Regalen des winzigen Ladens namens »Organika« blicken, der am belebten Platz des Stadtviertels San Ġorġ in Rabat liegt. Denn hier gibt es sehr viel mehr zu entdecken: rare gozitanische Granatapfel- und Zitronenmarmeladen, Gläser mit heimischem Honig (seit römischer Zeit berühmt), Pakete mit grobem, nicht raffiniertem oder mit Chili aromatisiertem Meersalz aus den Salinen der Nordküste, Feigenkonserven und Gläschen mit Kapern in Essig. Ein reichliches Angebot an lokalen Produkten – mit hervorragender Ökobilanz und garantiert von kleinen Herstellern, die ihre Erzeugnisse direkt an den Laden liefern.

Unbedingt sollten Sie die Quittenmarmelade probieren, die auch heilende Eigenschaften besitzt, ebenso wie der alkoholische Sirup aus Johannisbrot, eine Pflanze, deren Vorkommen im Mittelmeergebiet durch archäologische Funde seit Jahrtausenden belegt ist und die traditionell als Allheilmittel für Erkrankungen der Atemwege, der Bronchien und der Lungen angesehen wird.

Natürlich haben diese Spezialitäten ihren Preis, denn sie werden in sehr geringen Mengen von kleinen landwirtschaftlichen Familienbetrieben hergestellt, deren Produktionskosten nicht gerade niedrig sind.

Unter den angebotenen Waren dürfen natürlich auch einige typische Erzeugnisse des heimischen Handwerks nicht fehlen, wie Stoffe, Spitzen und Taschen, die mit spezieller Baumwolle aus Gozo und Malta hergestellt werden.

Adresse Pjazza San Ġorġ, Victoria-Rabat, Gozo | ÖPNV Repubblika (Bus 308, 309, 310, 311, 312) | Öffnungszeiten Nov.–März: Mo–Fr 10–14.30 Uhr, Sa 10–16 Uhr; April–Okt.: Mo–Fr 10–18 Uhr, Sa 10–16 Uhr, im Januar geschlossen (www.organika.com.mt) | Tipp Am selben Platz liegt auch das Café-Restaurant Tapie's, in dem man es sich bei Snacks, Sandwiches und Käseplatten sowie lokalen Produkten gut gehen lassen kann.

17__San Ġorġ

Die Phantasie der Schlosser

Das alte Herz von Victoria-Rabat schlägt hier, im Gewusel der Sträßchen zu Füßen der alten Zitadelle, im Stadtteil, der dem heiligen Georg geweiht ist. Das Viertel ist um die gleichnamige Kirche aus dem ausgehenden 17. Jahrhundert entstanden, in der Fresken von Pawlu Azzopardi und eine hölzerne Statue des Heiligen zu sehen sind.

Viele Bilder an den Häusern und den Ecken der engen Gassen bezeugen die tiefe Frömmigkeit der Bewohner. Der Heilige ist fast immer dargestellt, wie er gerade mit einer Lanze den gräulichen Drachen oder den geflügelten Lindwurm durchbohrt.

Die Geschichte des Drachen, mit dem der heilige Georg stets dargestellt ist, entstammt einer Legende aus dem 13. Jahrhundert. Das Monstrum hatte sich nahe einer libyschen Stadt in einem Sumpf niedergelassen, wo es nur durch ständige Opfergaben der Bevölkerung ruhig gehalten werden konnte. Als die Prinzessin Silene geopfert werden sollte, bot sich Georg an, das Untier zu töten. Im Gegenzug sollten sich alle Bewohner des Ortes zum Christentum bekehren und taufen lassen. Die Legende genoss im Mittelalter eine große Verbreitung und floss in das Leitbild des Ritters ohne Furcht und Tadel ein, der mit seiner glänzenden Rüstung das Untier erlegt, das auf vollkommene Art das Böse verkörperte.

Neben den zahllosen Spuren seines Namensgebers wird dieses Viertel auch durch viele kleine Häuser charakterisiert, die alle über ein buntes Eingangsportal verfügen, in dessen Mitte sich ein Türklopfer aus Schmiedeeisen oder Altmessing befindet. Delphine und Putten, geometrische Muster und Ringe, zur Faust geballte Hände und Metallkugeln und viele andere Motive sind hier versammelt und erwecken den Anschein, dass die Schmiede des Viertels ihrer Phantasie freien Lauf gelassen haben. Wahrscheinlich liegt diesem Formenreichtum ein ständiger Wettbewerb unter den Handwerkern zugrunde, bei dem jeder durch neue und unerhörte Türklopfer seine Kunden beeindrucken wollte.

Die Tradition der kunstvollen Türklopfer ist auch im Rest der Insel verbreitet, und in Kunsthandwerks- und Souvenirgeschäften kann man Türklopfer und Türknaufe für daheim erstehen.

Adresse Pjazza San Ġorġ, Victoria-Rabat, Gozo | **ÖPNV** Repubblika (Bus 308, 309, 310, 311, 312) | **Tipp** Auf der Triq Ġużeppi Farrugia, der Hauptstraße des Viertels, bietet die kleine Kunstgalerie Ta' Nikol Kunst- und Handwerksobjekte aus Gozo.

18_Die Spitzen aus Gozo

Die Kunst der Frauen

Wir wissen nicht, welche Stoffe man im antiken Malta trug, aber mit einiger Sicherheit können wir das Aufkommen der Baumwolle auf das Jahr 870 datieren. Die vom Geografen al-Himyari im 16. Jahrhundert verfasste Geschichte des Mittelmeerraums erzählt nämlich, dass die Araber in diesem Jahr am Ende einer Reihe blutiger Zusammenstöße mit den Byzantinern die Inseln verheerten, welche wenig später von Arabern aus dem nahen Sizilien erneut besiedelt wurden.

Diese neue Kolonisierung, schreibt al-Himyari, sollte dem Archipel die extrem fortschrittliche Bewässerungskunst des Orients und einige bis dato unbekannte Pflanzen bringen, wie Baumwolle und Zeder.

Zusammen mit den Baumwollpflanzen gelangten auch die Bearbeitungstechniken des Garns und seine Färbung nach Malta, sodass nach und nach diese neue Produktionstechnik Teil der heimischen Ökonomie wurde und sich in der maltesischen Tradition verankerte.

Zur Zeit der Herrschaft des Ritterordens waren Baumwollstoffe und maltesische Spitzen in ganz Europa verbreitet und beliebt. Für die Frauen aus ländlichen Familien wurde das Weben und Flechten (von der Kirche unterstützt und gefördert) zur wichtigen ergänzenden Einnahmequelle, vor allem auf der Insel Gozo.

Die Verbreitung von Spitzenornat maltesischer Prägung wurde jedoch von den strengeren Großmeistern nicht gern gesehen, da sie ihnen zu frivol war und den Regeln der Schlichtheit des Ordens zuwiderlief.

Auch wenn es auf den Inseln nicht an importierten Spitzen fehlt, kann man noch viele handwerkliche Produkte von hoher Qualität in großen Geschäften wie dem Ta' Qali Crafts Village (siehe Ort 32) oder bei geschickten Handwerkerinnen finden. Ihre Erzeugnisse präsentieren die Frauen auf kleinen Tischen inmitten der Straße, einem kleinen Schwatz zur Geschichte und den Geheimnissen der maltesischen Spitzen sind sie nicht abgeneigt.

Adresse Victoria-Rabat und Sannat, Gozo | **ÖPNV** Victoria-Rabat, Opera (Bus 312, 315); Sannat, Cenc (Bus 305) | **Tipp** Neben der Basilika von St. George zeigt das Museum Heart of Gozo – il-Ħaġar (www.heartofgozo.org.mt) eine interessante Sammlung zum künstlerischen und kulturellen Erbe der Insel.

19_Ta' Rikardu

Gozo ganz Öko

Mit *ġbejniet* bezeichnet man kleine Frischkäse, die sich naturbelassen, an der Sonne getrocknet oder mit Chili gewürzt genießen lassen. Wie in allen Bauern- und Hirtengesellschaften des Mittelmeerraums hat auch Gozo eine lange Tradition der Schafs- und Ziegenkäseherstellung. Denn die Ziegen sind die einzigen Haustiere, die sich auch in sehr trockenem und warmem Klima – wie dem maltesischen Sommer – selbst ernähren können.

Auf seinem Hof vor den Toren von Victoria-Rabat melkt Rikardu jeden Tag seine Tiere, um Käsespezialitäten von denkwürdigem Aroma zu erzeugen. Die frisch gemolkene Milch wird mit dem Lab bei Umgebungstemperatur vermengt, dann nach halbstündigem Ruhenlassen in kleine Formen gefüllt. Nach kurzer Trocknungszeit kann der Käse pur oder mit Olivenöl gegessen werden und bleibt ein paar Tage lang frisch.

Für die kleinen getrockneten Scheibchen dagegen muss man auf den trockenen und stetigen Nordwind warten, denn der Südwind bringt laut Rikardu oft Sand und Staub mit sich, die die kleinen, frisch zubereiteten Käselaibe ruinieren könnten. Um in die Geschichte und Technik der gozitanischen Käsezubereitung einzutauchen, kann man Rikardu auf seinen Gütern treffen (wo er Sie gern eine Ziege oder ein Schaf melken lässt) oder seine Erzeugnisse – zusammen mit Honig und dem Wein von Gozo – im kleinen Restaurant innerhalb der Zitadelle kosten.

In beiden Fällen ist das Geschmackserlebnis das gleiche. Und auch wenn die Auswahl der Speisen nie wirklich groß ist, sollten Sie die Gemüsesuppen oder die von Hand zubereiteten Ravioli probieren, *ravjul* auf Maltesisch, mit Käse bestreut und aus Eierteig hergestellt, zu denen man eine frische Tomatensauce reicht.

Im Restaurant in der Zitadelle werden auch Lebensmittel verkauft (Öl, Wein, Gläschen von kleinen Käsespezialitäten in Öl und Honig) sowie handgefertigte Keramikartikel und einige Werke örtlicher Künstler.

Adresse Triq il-Fosos, Zitadelle von Victoria-Rabat, Gozo | **ÖPNV** Repubblika (Bus 308, 309, 310, 311, 312) | **Öffnungszeiten** 10–18 Uhr, sonntags geschlossen | **Tipp** Der Bauernhof von Rikardu liegt an einer Querstraße, die rechts von der Triq Marsalforn abzweigt, circa zwei Kilometer von der Zitadelle in nördlicher Richtung gelegen.

20__Ta' Kola

Die Windmühle

Windmühlen, wahrscheinlich eine Erfindung aus der Zeit des weisen babylonischen Herrschers Hammurabi, haben die Landschaft vieler europäischer Regionen geprägt. Neben den holländischen gibt es die weitaus legendäreren spanischen Windmühlen, die Don Quijote für Riesen hielt, trotz der vernünftigen Worte seines Schildknappen: »›Bedenket doch, Herr Ritter‹, entgegnete Sancho, ›die dort sich zeigen, sind keine Riesen, sondern Windmühlen, und was Euch bei ihnen wie Arme vorkommt, das sind die Flügel, die, vom Winde umgetrieben, den Mühlstein in Bewegung setzen.‹«

Aber auf die Stimme der volkstümlichen Weisheit hatte Cervantes' Held bekanntlich nur verächtlich geantwortet: »›Wohl ist's ersichtlich‹, versetzte Don Quijote, ›daß du in Sachen der Abenteuer nicht kundig bist; es sind Riesen, und wenn du Furcht hast, mach dich fort von hier und verrichte dein Gebet, während ich zu einem grimmen und ungleichen Kampf mit ihnen schreite.‹« Auch auf Gozo und Malta, die ja nicht zuletzt das Land der adligen Ritter wie La Mancha waren, fehlte es nie an Windmühlen. Die berühmteste davon ist uns erhalten geblieben und steht wenige Meter von den prähistorischen Tempeln von Ġgantija entfernt.

Der Name der um 1725 errichteten Mühle geht auf den letzten Müller zurück: Ġużeppi Grech, bekannt als Żeppu ta' Kola, als Sohn von Nicola. Heute ist die Mühle, die man von weithin auf den Feldern sieht, ein Volkskundemuseum. Ihre Flügel drehten sich nur bei günstigem Wind. In diesem Fall wurden die Bauern durch den tiefen Klang einer Muschel (die *bronja* auf Maltesisch) benachrichtigt und eilten herbei, um ihr Korn mahlen zu lassen.

In den zwei Stockwerken sind noch die Einrichtung und die Werkzeuge von früher zu sehen, die zur Instandhaltung der Windblätter und Mühlsteine verwendet wurden. Eine Treppe führt ins Obergeschoss, wo man einen guten Eindruck vom Funktionsmechanismus erhält, der den oberen Mühlenbereich drehbar machte, um den Wind mit den weißen Stoffsegeln seiner Flügel auszunutzen.

Adresse Il-Bambina, Xagħra, Gozo | ÖPNV Xagħra (Bus 307) | Öffnungszeiten 9–17 Uhr, das Ticket berechtigt auch zum Eintritt in den nahen Tempel von Ġgantija | Tipp Zehn Minuten Fußweg sind es von der Mühle bis zum Eingang der Tempelanlage von Ġgantija, die, wie der Name schon sagt, der Legende nach von antiken Giganten erbaut wurde.

21 Die Uhr des Teufels

Bitte kommen Sie zu spät

Ein fürchterlicher und grausamer Versucher. Aber nicht sehr schlau. Das ist gemeinhin das Bild des Teufels über die Jahrhunderte, der stets als absolut negatives, aggressives Wesen gesehen wird, immer bereit, von menschlichen Schwächen zu profitieren. Wie zahllose Legenden und Wundergeschichten lehren, kann man diesen dramatischen Situationen aber entgehen, indem man das Ungestüm und die naive Leichtgläubigkeit des »armen Teufels« ausnutzt.

Viele Heilige konnten sich herauswinden, indem sie mit ihm einige nicht ganz faire Abkommen getroffen haben. Faust gelang es, seinem Schicksal im letzten Moment zu entgehen, nachdem er Mephistopheles gerufen und ausgenutzt hatte. Auch auf Malta ist die Vorstellung, dass man den Dämon austricksen kann, sehr verbreitet.

Wenn Sie auf dem Platz von Xagħra im Zentrum der Insel Gozo bei einem Kaffee vor der herrlichen Pfarrkirche Il-Bażilika ta' Marija Bambina eine Pause einlegen (sie heißt auch Maria vom Siege, weil das Fest der Geburt Mariens, der 8. September, sowohl mit der Niederlage der Osmanen als auch dem italienischen Waffenstillstand zusammenfällt), dann schauen Sie, welche Uhrzeit auf den beiden Glockentürmen der Basilika angezeigt wird.

Auf dem Zifferblatt rechts bewegen sich die Zeiger langsam vorwärts, wie es alle Uhren dieser Welt tun, die diesen Namen verdienen. Auf dem linken Zifferblatt befinden sich dagegen zwei aufgemalte Zeiger, die stets die Zeit 11.47 Uhr anzeigen. Seltsam in der Tat. Aber noch mysteriöser ist die Erläuterung, die hinter dieser Fake-Uhr steht.

Wenn einem Bewohner der Gegend die letzte Stunde schlägt, versucht der Teufel im Volksglauben, seine scharfen Krallen in dessen Seele zu schlagen. Da er wahrscheinlich sehr beschäftigt ist, muss er entscheiden, zu welcher Uhrzeit er sich beim Begräbnis einstellen soll. Hier greift die Bauernschläue, denn wenn der Dämon versucht, die Uhrzeit festzustellen, wird er unweigerlich von der künstlichen Uhr getäuscht, sodass er, so hofft man wenigstens, den fatalen Augenblick verpassen wird.

Adresse Il-Bażilika ta' Marija Bambina, Triq il-Knjsia, Xagħra, Gozo | ÖPNV Xagħra (Bus 307, 322) | Öffnungszeiten jeden Tag um 11.47 Uhr | Tipp Unweit der Kirche kann man in zwei engen Gässchen die Xerri's Grotto und die Ninu's Cave besichtigen, zwei kleine, natürliche Höhlen, die zufällig unter Privatwohnungen entdeckt wurden.

22 Die Kapelle der Madonna des Granatapfels

Die Seelen des Fegefeuers

»Was für ein großartig Ding das Fegefeuer!« Das soll die heilige Katharina aus Genua im 15. Jahrhundert nach ihrem Besuch im Zwischenreich zwischen Hölle und Paradies ausgerufen haben. Ihre Bemerkung wurde häufig wieder aufgenommen, auch von laizistischen Denkern wie François-René de Chateaubriand, der schrieb: »Das Fegefeuer überragt in Poesie den Himmel und die Hölle, da es eine Zukunft darstellt, die den beiden anderen fehlt.« Tatsächlich gab es im Mittelalter lange gar kein Fegefeuer, wie uns die Historiker, allen voran der große Mediävist Jacques Le Goff, lehren. Bis dahin war die Wahl klar: Die Guten auf die eine Seite, die Bösen in die Unterwelt. Dies änderte sich um 1200. Den armen Sündern wurde ein Ausweg gewiesen, um mit Leiden und Buße ihre Strafe zu überwinden und zur ewigen Herrlichkeit zu gelangen.

Das Gebet für die Seelen im Fegefeuer ist in der gesamten katholischen Welt verbreitet (häufig werden von diesen wartenden Seelen Gunsterweise erbeten im Tausch gegen Fürbitten, die ihren Aufstieg aus dem Fegefeuer beschleunigen sollen), aber auf Malta ist dieser Brauch auch gut sichtbar. Vor großen Kirchen wie der des heiligen Paulus in Rabat oder an kleinen Kapellen und abgelegenen Heiligenbildern entlang der Landstraßen kann man Skulpturen begegnen, die die Seelen im Fegefeuer darstellen. Sie schauen aus einer oft dunkelroten Flammenkrone hervor und heben, nackt und im Gebet begriffen, die Augen und Hände gen Himmel in Erwartung der Berufung, die ihren Leiden ein Ende setzt. Diese Abbildungen verfolgen einen klaren Zweck: Gläubige und Passanten sollen für die Seelen im Fegefeuer beten, damit ihre Gebete zusammen mit Tausenden anderen den Aufenthalt im Fegefeuer verkürzen. Unweit von Xewkija überragen zwei Seelen umgeben von Flammen auf den Steilhängen des Purgatorium-Berges, der nach Dante zwingend zur Auffahrt zu den himmlischen Sphären führen musste, gar das Bildnis der Madonna Tar Rummiena (maltesisch für Granatapfel).

Adresse Triq Il-Madonna Tar-Rummiena, Xewkija, Gozo | **ÖPNV** Maria (Bus 302, 303) | **Tipp** In geringer Entfernung befindet sich der Eingang zum Gozo Race Track, dem Hippodrom, wo jeden Sonntag, von Oktober bis März (und seltener im Sommer), die traditionellen Rennen mit zweirädrigen Sulkys gefahren werden.

23 Die Kirche der Rotunde

Die weiteste Aussicht

Offenbar herrschen Einverständnis und ständiger Wettkampf zugleich zwischen den Gläubigen der maltesischen Kirchen, vor allem auf Gozo. Diese Rivalität drückt sich heute in der Ausrichtung immer prunkvollerer und pomphafterer Heiligenfeste (als im Nachbarort) aus, trug aber in der Vergangenheit zum Bau – und vor allem zur Vergrößerung – der örtlichen Kirchen bei, die beträchtliche Dimensionen angenommen haben.

Die Johannes dem Täufer geweihte Kirche, die Rotunde von Xewkija, deren Name auf die ältere Rotunde im maltesischen Mosta zurückgeht, wurde ab dem 19. November 1951 dank der Spenden von Gläubigen und der kostenlos gestellten Arbeitskräfte der örtlichen Gemeinde realisiert. Nach 20 Jahren war der beeindruckende, 75 Meter hohe Bau mit der Errichtung eines Kreuzes oberhalb der Kuppellaterne fertiggestellt.

Acht imposante Betonsäulen stützen den Bau von innen, und für Freunde der Statistik sei noch der innere Durchmesser der Kuppel (28 Meter) und sogar das Gewicht des Baus angefügt, das stolze 45.000 Tonnen beträgt, ein Stein mehr oder weniger. Heute zeigt das »Museum of Sculpture« einige der Werke, die die alte Kirche aus dem Jahr 1678 schmückten. Von der Sakristei aus bringt die Besucher ein moderner Fahrstuhl gegen einen geringen Obolus bis zum äußeren Balkon, der um den Kuppelansatz herumgebaut wurde.

Es handelt sich zweifellos um den Ort mit der besten Aussicht in ganz Gozo, die sich bis zur felsigen Küste im Süden erstreckt, im Osten auf die Boote und Fähren in der Meerenge von Comino und das Inselinnere schaut und die Festung von Victoria-Rabat im Nordwesten im Blick hat. Die moderne Kuppel von Xewkija ist so enorm, dass sie Sie wohl auf Ihrem gesamten Aufenthalt auf Gozo begleiten wird, wo sie als grundlegender Orientierungspunkt fungiert: Es gibt wenige Orte auf der Insel, von denen man nicht ihre strahlende Silhouette in der weichen Ockerfarbe des örtlichen Steins in der Ferne ausmachen kann.

Adresse Pjazza San Ġwann Battista, Xewkija, Gozo | **ÖPNV** Dome (Bus 323) | **Öffnungszeiten** täglich 7–12 und 15–20 Uhr; www.xewkijaparish.org | **Tipp** Auf dem Platz neben der Kirche zeigt eine riesige Fahne den Sitz des Xewkija Tigers Football Club an, in dessen Café man sich gemütlich ein Spiel ansehen kann.

24__Lord Chambray

Die Biere von Gozo

Hier gibt es Craft-Biere, die einigen der faszinierendsten Orte der Inselgruppe gewidmet sind. Aber auch die saisonalen Spezialitäten der Brauerei haben es Kennern aus aller Welt angetan.

Die Geschichte der Craft-Brauerei Lord Chambray ist die Geschichte einer Liebe zur Insel, die Samuele D'Imperio nach 30 Jahren Urlaub dazu bewogen hat, sich endgültig auf Gozo niederzulassen, diesmal nicht zum Vergnügen, sondern zum Arbeiten. Nach einem Studium der Brautechniken konnte er einige Zeit später, im Juli 2014, auch dank der Kompetenz von Andrea Pertola, einem piemontesischen Brauer mit großer Reputation und Erfahrung, die ersten Craft-Biere zapfen.

Seine neuesten Errungenschaften tragen den Namen der Blue Lagoon von Comino (Belgian Wheat), der Bucht von San Blas in Gozo (English IPA, also obergäriges Indian Pale Ale) und des maltesischen Strands Golden Bay (natürlich: Golden Ale). Es folgen das dunkle Dry Stout Fungus Rock, das gemäß der traditionellsten Techniken Irlands gebraut ist und das Kenner aufgrund des beim Brauprozess verwendeten Wassers der Insel besonders würdigen.

Bei den saisonalen Bieren, denen ausgefeiltere Brauverfahren zugrunde liegen, standen viel Geduld und zahlreiche Experimente mit eher abgelegenen Zutaten Pate, von denen viele von der Insel stammen: das Meersalz der Salinen von Gozo und die Kapernblüte für das Flinders Rose (hergestellt von Juni bis September); Pfeffer, Gewürze und Karubenhonig, die das Winter Ale so einzigartig machen (von November bis März). Ein beeindruckendes Curriculum für einen jungen Brauer, der den in Europa beliebten Trend der Craft-Biere auf die Insel gebracht hat.

Die Biere kann man hier immer kosten und erwerben, auf Wunsch lässt sich sogar die Brauerei besichtigen, wo man die Geheimnisse der Zubereitungen der Biere von Lord Chambray kennenlernt, die sämtlich unpasteurisiert sind und eine zweite Gärung in der Flasche absolvieren.

Adresse Gozitano Agricultural Village, Triq l-Imgarr, Xewkija, Gozo | **ÖPNV** Indipendenza (Bus 301) | **Öffnungszeiten** Mo–Fr 10–18 Uhr, Sa 10–13 Uhr, www.lordchambray.com.mt | **Tipp** Im selben Zentrum, das landschaftlichen Erzeugnissen gewidmet ist, liegt auch die Weinhandlung Vini e Capricci, wo man neben Wein auch viele qualitativ hochwertige Produkte und guten Kaffee am Tresen bekommt.

25__Magro Brothers

Der Honig von Gozo

Unter den großzügigen Strahlen der Sonne breitet sich der Duft der Macchia über den Tälern und Feldern von Malta und Gozo aus. Schon mit Frühlingsbeginn, wenn die Natur zum Leben erwacht, fliegen unzählige Insekten mit tiefem Brummen von einer Blüte zur nächsten. Die Bienen sind auf Malta allgegenwärtig, und seit jeher ist hier eine einheimische Art zu Hause.

So wurden zahlreiche römische Bienenstockanlagen aus der Antike entdeckt, und einige Hypothesen gehen sogar davon aus, dass die Insel ihren Namen den Bienen verdankt. Der Ursprung von »Malta« könnte nämlich vom griechischen μέλι für Honig abgeleitet sein (daher Μελίτη). Die Römer hätten dann die Insel »Melita« genannt.

Unstrittig ist, dass der Honig und seine Produkte prägende Erzeugnisse der Inselgruppe sind, deren Herstellung bis heute nicht abgerissen ist.

In den Hallen des Magro Food Village auf der Insel Gozo unweit von Xewkija werden viele traditionelle und moderne Spezialitäten der Insel hergestellt, und die Besucher können bei der Zubereitung verschiedener typischer Produkte dabei sein. Natürlich kommt dem Honig eine Vorrangstellung zu. Auf Gozo wird er in zwei Sorten vertrieben, mit Zitronen- und Orangenaroma.

Die zuckrige Substanz der tausend Eigenschaften ist wie in fast allen Gegenden des Mittelmeerraums eine grundlegende Zutat für die typischen Süßspeisen, etwa die *qaghaq ta' l-għasel* (Honigkrapfen), die *kwareżimal*, Süßigkeiten auf Honigbasis für die Fastenzeit, und die *xkumvat*, eine Süßspeise der guten Wünsche, die beim ersten Geburtstag kleiner Malteser keinesfalls fehlen darf. Honig ist auch fester Bestandteil in den verschiedenen Torrone-Spezialitäten Maltas und in einigen Süßspeisen, für die die Konditoren der Savina weithin bekannt sind, wie etwa im Kuchen *ta' Sor Serafina*, der mit kandierten Früchten, Mandeln, Walnüssen und natürlich Honig dem klassischen Panforte von Siena ähnelt.

Adresse The Magro Food Village, Xewkija, Gozo | **ÖPNV** Xewkija (Bus 301, 303) | **Öffnungszeiten** Mo – Fr 9 – 15.45 Uhr, Sa 9 – 15.15 Uhr, So 10 – 12.30 Uhr, www.savina.com.mt | **Tipp** Die Tax-Xiber Bakery (Triq L-Għarus) ist eine der bekanntesten Bäckereien des Landes und bietet Brot, Ftira und frisch gebackene Süßigkeiten.

26_Die Klippen von Għasri

Akrobatische Fischer

Wer das Vergnügen hat, an den hohen Kliffs entlangzuspazieren, die einen Großteil der Küsten von Gozo prägen, kann sich auf kuriose Begegnungen gefasst machen. Zuallererst bemerkt man die grenzenlose Leidenschaft der Malteser für die Jagd. Immer wieder stößt man auf mehr oder weniger ausgebaute Anlagen, die die Jäger leider immer noch bauen, um Wandervögeln auf ihrer Durchreise aufzulauern. Ein zweites Detail sind die ins Gestein gehauenen Becken der Salinen, die, ob antik oder modern, mehrere Meersalzernten im Jahr ermöglichen. Schließlich fallen Ansammlungen von farbigen Schnüren, Bändern oder Leinen ins Auge, die, an Pflöcke oder Felsen unweit der Kliffränder gebunden, die Wege queren, um dann steil ins Meer abzufallen (daher Achtung und immer auf den Boden schauen).

In einigen Fällen, wie an der traumhaften Küste zwischen den Orten Xwejni und Għarb, kann der Abgrund, der sich zwischen der Kuppe der Klippen und dem Meeresspiegel auftut, schon mal respektable 30 Meter oder mehr betragen.

Aber einigen Leuten scheint dieser schwindelerregende Anblick gar nichts auszumachen. Denn während des Spaziergangs kann es passieren, die Urheber der Schnüre zu sehen, die manchmal ihre große Mühe haben, die im Meer ausgelegten Reusen an Land zu ziehen, und vor Anstrengung prusten. Auch wer über den festen Gang eines geübten Bergwanderers verfügt, kann die Sorglosigkeit oder Seelenruhe nur bewundern, mit der die Klippenfischer (normalerweise in Schlappen oder Badelatschen) sich wenige Zentimeter vor dem Abgrund bewegen.

Aber es sind nicht nur Reusen: Wie uns gut informierte Quellen informieren, werden richtige Köder an fast völlig unzugänglichen Stellen ins Meer geworfen, um große Fische anzuziehen, die, gerade weil sie ihre lange und sorglose Existenz in normalerweise unzugänglichen Buchten geführt haben, nicht mit einer heimtückischen Angelschnur rechnen.

Adresse Xwejni, Gozo | **ÖPNV** Xwejni (Bus 310) | **Tipp** Die Pfarrkirche von Żebbuġ ist etwas eigen: Vor ihrer Fassade scheinen zwei Kanonen das friedfertige Kommen und Gehen auf dem Platz zu kontrollieren.

27 Die römischen Salinen

Mit der Kraft der Sonne

In der schönen Jahreszeit strahlt die Sonne mit aller Macht auf die Nordküste Gozos. Zwischen Mai und September lassen sich die Regentage in der Bucht von Xwejni an einer Hand abzählen. Die Wetterfrösche geben für den Mai im Mittel sieben, im Juni drei, im Juli null und im August wieder sieben Millimeter Regen aus. Also eine enorme Sonneneinstrahlung, die – zusammen mit dem Gesteinstyp, der auch mit improvisierten Gerätschaften leicht zu behauen ist – dafür gesorgt hat, dass diese Gegend auserkoren wurde, Hunderte kleiner, in den Stein gehauener Becken für die Salzherstellung zu beherbergen.

Wir wissen nicht, ob Griechen oder Römer angefangen haben, die ebenen Steinflächen zu behauen – zwei Völker, für die das Salz ein sehr kostbares Erzeugnis darstellte. Tatsache ist, dass sich die Landschaft der künstlich angelegten Niederungen, die sich im Frühling mit Wasser füllen, vor allem bei Sonnenuntergang spektakulär ausnimmt.

Diese Ebene aus Becken erstreckt sich wie ein Schachbrett über zwei Kilometer zwischen den Häusern von Xwejni und dem Vorgebirge von Reqqa Point. Einige Becken sind regelmäßig geschnittene Wannen, andere haben alle möglichen Formen und Größen. Besonders im Juni und August beleben sich die Salinen mit Schaulustigen, die bei den zweimal jährlich stattfindenden Ernten des Meersalzes dabei sein wollen.

Mit Besen, Harken, Spitzhacken und Schaufeln wird das Salz nach dem Verdunsten des Wassers vom Gesteinsboden abgekratzt, um dann in die Höhlen in den Klippen verbracht zu werden, wo es zerkleinert und von Unreinheiten befreit wird.

Am Ende steht reinstes mediterranes Meersalz, mit Gewürzen der Macchia oder mit Chili aromatisiert, das ein kleiner Stand in den geschäftigen Sommermonaten direkt an Touristen verkauft, zusammen mit alten, etwas vergilbten Postkarten, die alle Phasen der harten, tausendjährigen Arbeit der gozitanischen Salinen zeigen.

Adresse Xwejni, Gozo | ÖPNV Xwejni (Bus 310), dann zu Fuß weiter. Für den Weg entlang der Küste benötigt man eine Stunde hin und zurück (an festes Schuhwerk oder Sandalen mit fester Sohle denken) | Tipp Dicht am Meer kann man in Xwejni an den Tischen des Restaurants Qbajjar rasten, das natürlich auf frischen Fisch spezialisiert ist (Mittagessen 10.30–15.30 Uhr, Abendessen 17.30–22.30 Uhr, am Dienstag geschlossen, Tel. 21551124).

28__Wied il-Għasri

Wie in Norwegen

Die hohe und steile Nordküste von Gozo wird durch tiefe und geheimnisvolle Canyons unterbrochen, die kleine, saisonale Wildbäche gebildet haben und die man erst bemerkt, wenn man an ihren ausgezackten Rändern steht.

Auch der kleine Canyon von Wied il-Għasri erscheint urplötzlich vor den Augen des Wanderers. Ein Schritt zu viel genügt, um tüchtig ins Schwindeln zu geraten: ein norwegischer Fjord im Mittelmeer! Doch man kann auch von dem kleinen Ort Żebbuġ absteigen.

Am Rand eines Kiesparkplatzes informiert ein Schild über den Fjord und seine Wassertiefe und weist auch die Stelle, an der man hinuntersteigen kann: Eine Rampe mit steilen Stufen führt bis auf den Grund des Canyons, wo ein kleiner Kieselstrand problemloses Baden verspricht (Vorsicht an Tagen mit hohem Wellengang, der sich auch hier zeigen kann). Der abgelegene und einsame Canyonboden, der auch an den heißesten Tagen ein paar schattenspendende Flecken aufweist, ist ideal zum Baden, aber vor allem zum Schnorcheln und Tauchen.

Entlang der Wände des engen Fjords, der in geschwungenen Kurven ins offene Meer führt, befinden sich Unterwasserhöhlen, die vorsichtig und nur von ausgerüsteten Tauchern erkundet werden sollten. Davon wurden einige offenbar vom Menschen erweitert, um mit Eimern und Seilwinden das für die alten Salinen benötigte Seewasser nach oben zu transportieren.

Die beeindruckendste Grotte ist die Għar ir-Riħ (die Grotte des Windes) – in Fließrichtung rechts –, die in einem großen, beeindruckenden unterirdischen Saal endet, dem man den Namen »Kathedrale« gegeben hat. Hier sollen den Legenden nach immer wieder Schmuggler haltgemacht haben, die mitten in der Nacht vom nahen Sizilien an der Küste anlangten und ein hervorragendes Versteck für ihre kostbaren (und illegalen) Waren zur Einfuhr nach Malta gefunden hatten.

Adresse Der kleine Parkplatz liegt nahe bei Triq Is-Saghtrija, Żebbuġ, Gozo. | **ÖPNV** Saghtrija (Bus 309) | **Tipp** Die Kirche Santa Marija von Żebbuġ ist dem heiligen Philipp von Agira, dem wahrscheinlichen Evangelisierer Siziliens, geweiht. Innen wird eine Silberstatue des Heiligen aus dem 19. Jahrhundert aufbewahrt, die eigens nach Rom gebracht wurde, um von Papst Pius IX. gesegnet zu werden.

29__Malta Aviation Museum

Unter den Flügeln der Spitfire

Flügelspannweite unter zehn Metern, 2.300 Kilogramm im unbeladenen Zustand, Rolls-Royce Merlin-Motor 66 mit 1.720 PS, Höchstgeschwindigkeit 650 Stundenkilometer bei 6.400 Meter Flughöhe, Aufstiegshöhe 24 Meter pro Sekunde auf 6.000 Meter.

Wenn man die Maschinen im stillen Hangar des Malta Aviation Museum betrachtet, kann man kaum glauben, dass ein Jagdflugzeug wie die Supermarine Spitfire Mk.IX zu so beeindruckenden Leistungen in der Lage war. Und doch war sie in ihren zahlreichen Ausführungen eine der wichtigsten britischen Waffen des Zweiten Weltkriegs. Das im Museum gezeigte Flugzeug wurde auf den Namen »Mary Rose« getauft (die offizielle Kennzeichnung ist EN199) und hat eine lange, bewegte Geschichte: Im November 1942 verließ die Spitfire das Werk, kämpfte in Nordafrika und wurde dann auf den Stützpunkt Malta verlegt (aufgrund der zahlreichen Überflutungen auch »Venedig« genannt), wo die Mary Rose an der Operation Husky teilnahm, also der Landung und Eroberung Siziliens. Nach dem Krieg kehrte sie nach Malta zurück, um ihr verdientes Altenteil als Wetterflugzeug anzutreten, und wurde nach einem Unfall einem Verein übergeben, der sie sich selbst überließ.

Nach zwei Jahren Restaurierung erstrahlt der Rumpf der Mary Rose wieder im alten Glanz. Seit 1995 ist sie im alten, der Schlacht von Malta gewidmeten Hangar zusammen mit einer Hawker Hurricane und einem Aufklärungsflugzeug Tiger Moth ausgestellt. In den moderneren Hangars sind neuere Flugzeuge wie die große Douglas DC-3 Dakota und eine Fiat-Jet G.91R/B zu sehen, eine Schenkung der italienischen Luftwaffe aus dem Jahr 1998. Die Malta Aviation Museum Foundation verfolgt aber nicht nur das Ziel, ein anschauliches Museum zu bieten (das auch über ein kleines Café in einer Fliegerbaracke verfügt), sondern versucht, so viele Flugzeuge wie nur möglich anzukaufen und zu restaurieren. Einige wurden bereits oder werden demnächst vom maltesischen Meeresboden geborgen, wo sie nach ihrem Absturz jahrzehntelang ruhten.

Adresse Attard, Malta, Tel. 21416095; www.maltaaviationmuseum.com | ÖPNV Stadium (Bus 56, 186 und 202) | Öffnungszeiten Mo–So 9–17 Uhr; im Sommer Mo–Sa 9–17, So 9–13 Uhr | Tipp Das Museum liegt im Bereich des Stadions und der Sportanlagen. Unweit von den Hangars spendet der Park Ta' Qali angenehmen Schatten, einen Picknickbereich mit Tischen und Bänken und auch eine Hundeauslaufzone.

30__Mdina Glass

Gut geblasen!

Im weitläufigen Salon der Mdina Glass vernimmt man zu jeder Tageszeit im Hintergrund dasselbe Geräusch: Es ist das Brummen der großen Öfen, in denen man Glasfluss herstellt, der frisch aus dem Feuer genommen rot leuchtet, um dann modelliert, abgerundet und von den Glasbläsern mit Hilfe langer Metallrohre geblasen oder gedreht zu werden, was große Funkenfontänen auslöst, die den gesamten Arbeitsbereich erhellen.

Ob Sie nun Liebhaber durchsichtiger oder gefärbter Glaserzeugnisse, von Kristallen, Vasen, Kerzenhaltern, Lampenschirmen, Flaschen oder Dekorationen sind oder nicht, der spannendste Moment bei der Besichtigung der Glasfabrik Mdina Glass ist stets der Fertigungsbereich, denn die Glasherstellung läuft trotz moderner Hilfsmittel immer noch genauso ab wie vor Jahrhunderten in den Werkstätten der Glasbläser von Murano und im Rest des Mittelmeerraums.

Vor langer Zeit, 1968, hatten Eric Dobson und Michael Harris den Beschluss gefasst, auf Malta die erste kunsthandwerkliche Glasfabrik zu eröffnen und eine antike, vergessene Tradition wiederzubeleben. Nach den ersten Produktionsjahren hatten die Glasbläser von Mdina Glass nach und nach sämtliche der raffiniertesten und komplexesten Glas- und Kristallbearbeitungstechniken auf der Insel eingeführt. Von der Herstellung am offenen Brenner zur »Filigrana« oder zum »Incalmo« (also der Verschmelzung von Gläsern verschiedener Farben, was viel Know-how erfordert, um das Objekt nicht spröde werden zu lassen). Im Laufe der Zeit ist der Betrieb in neue Hände gekommen, und heute leiten die neuen Generationen die Geschicke von Mdina Glass, aber die Idee der Gründer ist erhalten geblieben: mit Glas Objekte für den Alltagsgebrauch, zum Schmuck und für die Einrichtung herzustellen.

Die Werkstatt, die in die ganze Welt exportiert (und so die riskante Beförderung zerbrechlicher und teurer Teile im Flugzeug vermeidet), ist also sehenswert und gehört zum Pflichtprogramm einflussreicher und mächtiger Persönlichkeiten bei ihrem Besuch auf Malta.

Adresse Crafts Village, Ta' Qali, Malta | **ÖPNV** Venture (Bus 56, 186, 202) | **Öffnungszeiten** Jan.–Mai: Mo–Fr 9–16.30 Uhr, Sa 9–15 Uhr; Juli–Sept.: Mo–Fr 8.30–18 Uhr, Sa 9–15 Uhr; Okt.–Juni: Mo–Fr 8.30–18 Uhr, Sa 9–15 Uhr | **Tipp** Wenn Sie keine Zeit haben, die Fabrik zu besichtigen, sind die Objekte von Mdina Glass auch in einer Reihe von Geschäften auf der Insel zu haben, wie in Triq Il-Merkanti Ort 14 (Merchants Street) in Valletta oder am St. Publius Square in Mdina.

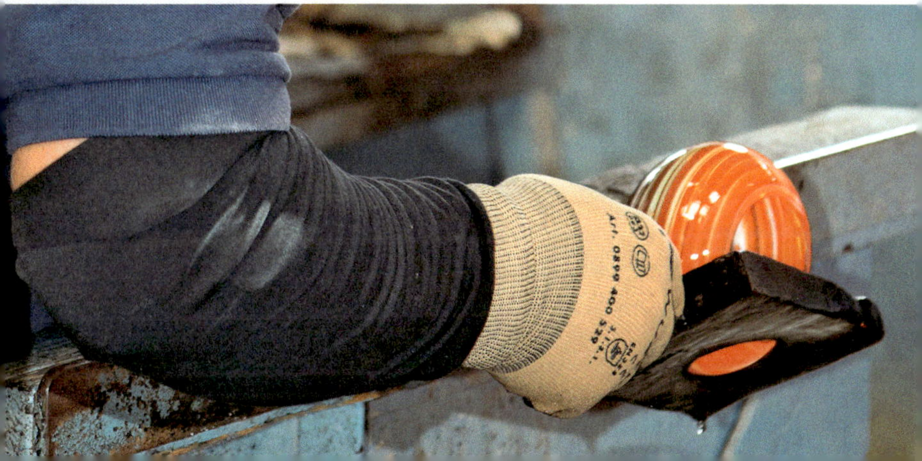

31__Der Palast San Anton

Die Gärten des Präsidenten

Nach Jahrzehnten wilder Schlachten, dem Pulvergeruch der Kanonen und den Angriffen der Osmanen verlief das Leben der Ritter des Johanniterordens in zunehmend ruhigeren Bahnen, auch wenn sie stets wehrhaft blieben. Dies belegt anschaulich die Entwicklung der Inselbauten, die sich im Laufe der Jahrhunderte von trutzigen Kriegsbauten in Paläste, Villen und Gärten verwandelt haben.

Genau dies war auch dem Palast San Anton beschieden, dessen Name sich dem Adligen Antoine de Paule verdankt, der den Bau im Jahr 1620 anordnete und ihn 1623, nachdem er Großmeister geworden war, zu seinem Wohnsitz erwählte. Auch seine Nachfolger waren von diesem Ort angetan, sodass das Anwesen in den Jahren vergrößert und von einem herrlichen Park umgeben wurde, dann als Sommerresidenz fungierte und ab 1928 den festen Sitz des englischen Gouverneurs bildete. 1974 wurde der Palast schließlich der offizielle Amtssitz des Präsidenten der Republik von Malta.

Der Palast – der ebenfalls von den Dreharbeiten der zudringlichen und allgegenwärtigen Fernsehserie »Game of Thrones« in Mitleidenschaft gezogen wurde – ist normalerweise nicht öffentlich zugänglich, wenn nicht gerade besondere Veranstaltungen anstehen. Aber seit 1882 können auch Normalsterbliche zwischen den Wiesen, Blumen, Volieren und großen tropischen Bäumen lustwandeln, zum Großteil Geschenke der Mächtigen der ganzen Welt, die eingedenk einer alten maltesischen Tradition durch ihre Gaben die Flora des Parks bereichern.

Jedes Jahr im Mai herrscht in diesem Park großer Trubel, wenn die Gartenschau der Malta Horticultural Society Einzug hält. Zwischen den Blüten spazieren dann blasierte Pfauen, die für Fotos posieren und sich unbeeindruckt vom Kommen und Gehen der Besucher zeigen. Unter den verschiedenen Brunnen sollten Sie das Becken des Adlerteichs aufsuchen, der mitten im ältesten Teil des Gartens angelegt ist. Wie bei allen prächtigen Anwesen auf Malta sind diese Paradiese von außen unscheinbar und gut versteckt hinter den hellen Steinen hoher, anonymer und endlos langer Umfassungsmauern.

Adresse Triq Birbal, Attard, Malta | **ÖPNV** Strickland (Bus 54); Vestru (Bus 50, 56, 181, 182) | **Öffnungszeiten** täglich 7–17 Uhr | **Tipp** Hinter dem Palast befindet sich auf der Triq Sant Antnin der Eingang der Kitchen Gardens, mit einem Café und Plätzen innen und im Freien, Spielplatz für Kinder und Becken mit Fischen und Wasservögeln.

32__Ta' Qali Crafts Village

Kostbare Einzelstücke

Der alte Flugplatz, auf dem einst die Motoren der Gladiators und Spitfires dröhnten, erfüllt heute eine völlig andere Funktion. Unweit des Zentrums von Attard, dort wo sich das Areal des früheren britischen Militärflugplatzes Ta' Qali befand, steht heute das Stadion (das auch für Konzerte genutzt wird) und der Ta' Qali National Park. Auf den angrenzenden Straßen wird jeden Tag der Bauernmarkt abgehalten, auf dem frische Erzeugnisse zu sehr günstigen Preisen angeboten werden.

Die Baracken und Hangars, in denen früher die Mechaniker und Piloten zu Hause waren, wurden teilweise umfunktioniert, um die Werkstätten und Ausstellungen des Ta' Qali Crafts Village aufzunehmen, eine Art täglich stattfindender Handwerksmesse, auf der man die begehrtesten Kunsthandwerkserzeugnisse der Insel findet. Nach dem großen Erfolg seit dem Start des Projekts werden die alten Flugplatzbauten nach Jahren der Planungen und Studien demnächst durch modernere und attraktivere Installationen ersetzt.

Eines der interessantesten Merkmale des Markts von Ta' Qali ist die Möglichkeit, die Arbeit der Handwerker von Nahem zu bestaunen: Hier flechten geschickte Mädchen mit winzigen Pinzetten die Metallfäden des Filigranschmucks, an einem anderen Stand verziert ein Maler frisch aus dem Ofen geholte Keramikteller, während auf den Töpferscheiben sich blitzschnell der nötige Ton für die Herstellung von Vasen, Schüsseln und Tassen dreht.

Dazu mangelt es nicht an maltesischen Spitzen, und auch hochwertige Lebensmittel sind zu haben, dazu Weine und Liköre von verschiedenen lokalen Herstellern.

Die Auswahl ist riesig, sodass empfohlen wird, vor dem Kauf sich erst umzusehen und die Preise der angebotenen Waren zu prüfen und zu vergleichen.

Auch schwere, große oder unhandliche Produkte sind kein Problem: Mit den Händlern lassen sich selbstverständlich internationale Versendungen bis direkt vor die Haustür vereinbaren.

Adresse Ta' Qali, Attard, Malta | ÖPNV Villagg (Bus 56, 186, 202) | Öffnungszeiten Mo–Fr 9–16 Uhr, Sa, So 9–12 Uhr | Tipp Das Meridiana Wine Estate von Ta' Qali (www.meridiana.com.mt, Tel. 21413550) produziert Weine hoher Qualität und organisiert Besichtigungen und Verkostungen nach Terminvereinbarung.

33__Die Villa Bologna

Das versteckte Nymphäum

Der Kies der Alleen knirscht unter den Füßen. Kein Blättchen rührt sich in der Sonne des frühen Nachmittags. Dann erhebt sich der alte, stille Bau vor uns, umgeben von exotischen Pflanzen, die einen süßen Duft nach Pfeffer und Gewürzen abgeben.

Im Jahr 1745 hatte Fabrizio Grech, Auditor des Großmeisters Pinto, mit Stolz die Heirat seiner Tochter Maria Teresa mit dem Bologneser Nicola Perdicomati bekannt gegeben. Aber die Spötter am Hof wandten ein, dass ein einfacher Assistent wie er vielleicht über das Geld, aber sicher nicht über eine standesgemäße Residenz für diese Heirat verfüge. Um seine gemeinen Verleumder zum Schweigen zu bringen, ließ Grech diese Villa errichten, die er seiner Tochter zur Hochzeit schenkte.

Am Ende der Gartenpfade stößt man auf ein kleines und ein großes Nymphäum, spektakuläre und auf der Insel einzigartige Bauten, die die Pracht des barocken Parks krönen. Das entsprechend der antiken römischen Tradition von vier Säulen gestützte und von einem dekorierten Giebel überragte große Nymphäum war ein Ort der Wasserspiele, die auf eine Wand aus Kalkbruchstein prasselten, um die Atmosphäre einer schattigen unterirdischen Höhle zu vermitteln.

In den Jahren erlebte die alte Villa unterschiedliche Eigentümer, bis sie 1890 Sir Gerald Strickland erbte, der sowohl britischer Parlamentarier als auch erster Premierminister Maltas war. Dank der Arbeit seiner zweiten Frau Margaret Hulton – die wie alle britischen Damen der höheren Gesellschaft ein gewisses Händchen für Gärten besaß – wurde der Park erweitert und seine Landschaftsarchitektur in einen Mix aus geometrischer Barocktradition und einem Touch englischen Garten verwandelt.

Derzeit wollen die umfangreichen Restaurierungsarbeiten nicht enden, erklärt uns Jasper de Trafford, der Familienerbe. Es finden regelmäßig Events und Filmaufnahmen (kürzlich »The Promise«) statt, stets im Schatten der Ahnenporträts und Adelswappen, die die Glastüren zieren.

Adresse Triq Sant Antnin, Attard, Malta | ÖPNV Bologna (Bus 54 von Valletta und 106 vom Krankenhaus Mater Dei) | Öffnungszeiten Mo–Fr 9–17, Sa 9–13 Uhr; Führungen auf Anfrage: www.villabologna.com | Tipp An den Ausläufern des Parks der Villa Bologna erfolgt der Zugang der Besucher über den Showroom, in dem handwerkliche Keramik-erzeugnisse hoher Qualität und von ansprechendem Design erworben werden können.

34__Kinnie

Für den Durst der Malteser

Viele behaupten, dass Kinnie das beliebteste alkoholfreie Getränk der Malteser sei, ein wenig wie das Cisk das am häufigsten getrunkene helle Bier ist. Wenn Sie ein wenig mehr Zeit auf den Inseln verbringen sollten, dann werden Sie wohl auch bald staunen, wie verbreitet Kinnie ist.

Man trifft es auf Aushängeschildern von Bars, Sonnenschirmen, Bierdeckeln und Flaschenöffnern: Wo auch immer man den Blick hinlenkt – vor allem dann, wenn es heiß und man durstig ist –, erscheinen wie aus dem Nichts der Name und die Marke vor Ihren Augen.

Italiener halten es etwas oberflächlich für eine Art »Chinotto«, ein Getränk aus der Bitterorange (*Citrus myrtifolia*), das in Italien in der Nachkriegszeit einen riesigen Erfolg als nationale Alternative zu Coca-Cola hatte. Aber in Wirklichkeit sind die beiden Getränke, auch wenn sie ähnlich sind, nicht identisch, denn beim Kinnie ist neben der Bitterorange und einigen Zutaten, die streng geheim gehalten werden, Beifuß enthalten.

Das Geburtsdatum dieses Softdrinks ist 1952, und seine Eltern sind die Vorkoster der Simonds Farsons Cisk von Attard. Seitdem haben sich Verpackung und Flaschendesign immer wieder mal gewandelt, und auf das Originalgetränk sind weitere Varianten gefolgt (zuckerfrei, für Sportler …). Natürlich durften auch alkoholische Interpretationen nicht fehlen: Viele Cocktails mischen Kinnie in unterschiedlichen Anteilen mit Cinzano, Campari, Scotch, Wodka, Amari, Angostura und Tequila.

In Social-Media-Foren für Reisen wird zum Thema des Maltesischen Archipels immer dieselbe Frage gestellt: Was ist Kinnie? Und wie schmeckt es? Darauf gibt es die verschiedensten Antworten. Machen Sie es einfach so: Wählen Sie Ihren Platz im Schatten, bestellen Sie ein kühles Kinnie (normal und ohne Eis) mit einer Orangenschei be garniert (Bitterorange wäre besser, aber wie Sie mögen). Und dann versuchen Sie, eine Antwort zu formulieren.

Adresse Kinnie wird von Malta Simonds Farsons Cisk hergestellt, woher auch das bekannte Bier stammt, dessen Brauerei sich in Triq l-Mdina, Mriehel, Birchircara, Malta befindet; www.farsons.com | **Öffnungszeiten** Die Simonds Farsons Brewery kann besichtigt werden: Mo – Fr, nur morgens und nur für Gruppen (mindestens 10, maximal 45 Personen), Reservierungen unter sfc@farsons.com, Tel. 23814114. | **Tipp** Wenn Sie den Barmann mit einem besonderen Wunsch überraschen möchten, dann fragen Sie nach dem Abendessen nach einem Chaki: 3/10 Kinnie, 1/10 Calvados, 6/10 Champagner.

35_Das Birgufest

Folklore im Kerzenschein

In den engen Gassen werden die Straßenlaternen zugunsten Tausender Kerzen und Fackeln ausgeschaltet, die mit ihrem zarten und flimmernden Licht die ganze Altstadt von Birgu in einen warmen Schein tauchen. Alle Sehenswürdigkeiten sind geöffnet – auch die kleinsten und unbekanntesten Kirchen –, und Märkte und Stände erfüllen mit dem Duft ihrer Leckereien die Luft.

Häufig geschieht es beim Birgufest, dass Plätze, Befestigungen und Paläste sich mit Menschen in historischen Kostümen anfüllen, die die wichtigsten geschichtlichen Ereignisse von Birgu in Szene setzen, des ersten Sitzes des Johanniterordens auf der Insel. Inmitten der festlich geschmückten Musikkapellen, die durch die Straßen marschieren, der Waffenmänner, die sich gegen die Osmanen rüsten, der Bischöfe, die die Prozessionen anführen, und der Musik, die aus den geöffneten Türen der Klöster dringt, nimmt man die einzigartige Stimmung dieses Festes wahr.

Ursprung des Birgufestes war der Wunsch, das faszinierende Labyrinth der Gässchen für die Touristen zu öffnen, die den Ort bis dahin wenig beachtet hatten. Birgu by Candlelight ist so ein echtes Festival geworden, mit spektakulären Events, die jedes Jahr den ohnehin prall gefüllten Veranstaltungskalender bereichern.

Das Fest ist kostenlos und offen für alle (auch deshalb sollte man das Auto zu Hause lassen!) und wird jedes Jahr am zweiten Oktoberwochenende von Freitagmorgen bis zum späten Sonntagabend ausgerichtet.

Das ist allerdings nicht die einzige Gelegenheit, an der die Besucher Birgu oder Vittoriosa (wie die Stadt offiziell heißt) in ein besonderes Licht getaucht sehen: Auch am 10. August, dem Tag des heiligen Laurentius, des Stadtheiligen von Birgu, erstrahlen die Stadtmauern, Häuser und Paläste im gleißenden Licht spektakulärer Feuerwerke, begleitet von eigens vorbereiteter Musik, die sich bei den Maltesern großer Beliebtheit erfreut. Bereits zwei oder drei Tage zuvor lassen sich Feuerwerk und Festbeleuchtung erleben.

Adresse Birgu, Malta | ÖPNV Birgu Center (Bus 2); Three Cities Ferry von Valletta | Öffnungszeiten am Samstag des zweiten Oktoberwochenendes | Tipp Das Malta at War Museum (www.maltaatwarmuseum.com) befindet sich im Couvre Porte der Befestigungen von Birgu und zeigt Gegenstände und Erinnerungen des Zweiten Weltkriegs.

36 Die Festung Sant'Angelo

Eine Festung als Schiff

Das an der Spitze der Halbinsel von Birgu angelegte, über den Wassern des Grand Harbour thronende Fort Sant'Angelo kann auf eine glorreiche Geschichte zurückschauen. Auf den Resten einer römischen Festung und dem Bau eines mittelalterlichen Castrum Maris errichteten die Ritter des Johanniterordens ab 1530 ihre große Bastion auf Malta.

Die Festung wurde dem heiligen Sant'Angelo geweiht und schloss auch den Wohnsitz des Großmeisters, die Krankenstationen und das Kloster des Ritterordens ein. Während der Großen Belagerung stand das Fort im Mittelpunkt des Widerstands gegen die Osmanen: Von hier gingen die Artilleriegarben gegen die feindlichen Batterien aus, und die Besatzung der Festung unterband den Angriff auf Senglea am 15. Juli 1565. Aufgrund der Zerstörungen während der Belagerung wurde das Fort 1689 komplett restauriert und mit einer beeindruckenden Feuerkraft versehen: Seine Plattformen konnten bis zu 50 Kanonen beherbergen.

Nach der englischen Eroberung nahm das Kommando der britischen Mittelmeerflotte hier seinen Sitz, und das alte Fort wurde zu einem Schiff, denn bei der englischen Marine ist es guter Brauch, neben Kriegsschiffen, Zerstörern und U-Booten auch sogenannte »stone frigates«, »Steinschiffe«, zum Inventar zu zählen. So wurde der ruhmreiche Bau der Ritter 1912 in HMS Egmont umbenannt, eine Bezeichnung, die möglicherweise aufgrund von Protesten der Malteser 1933 in das passendere HMS St Angelo umbenannt wurde. Der eigentümliche Brauch verdankt sich der Tatsache, dass die Truppen der englischen Marine früher häufig auf ausrangierten Schiffen untergebracht wurden. Die Bezeichnung blieb erhalten, wenn die Unterbringungen aufs Festland umzogen: Im Ersten Weltkrieg gab es rund 25 Steinschiffe in den Registern der Admiralität, wie etwa die Artillerieschule von Whale Island.

Nach so vielen Veränderungen bewahrt die Festung der Ritter in der Eingangshalle neben den unterirdischen Krankenstationen ihre letzte Schiffsglocke mit der Aufschrift »HMS St Angelo«.

Adresse Birgu Waterfront, Birgu, Malta | ÖPNV Birgu Center (Bus 2); Three Cities Ferry von Valletta | Öffnungszeiten täglich 9–17 Uhr, www.heritagemalta.org | Tipp Unweit der Hafenmole, wo die großen Yachten festmachen, liegt das Cargo (www.cargo.com.mt), ein angenehmes Café, in dem man gemütlich innen sitzen und im Sommer an einigen Tischchen auch draußen die Sonne genießen kann.

37_Locanda La Gelsomina

Von Asien nach Birgu

Von der warmen Sommerluft der Gassen von Vittoriosa zu den Düften Asiens ist es nur ein kleiner Schritt. Hat man einmal die Schwelle überschritten, weichen die Ritterfiguren, die Gemäuer aus dem 16. Jahrhundert und der Geruch des Meeres den Buddhas, dem Duft erlesener Tees und der Stille eines Hauses voller orientalischer Objekte.

Die Locanda La Gelsomina ist das Werk einer Familie, die sowohl in Malta als auch in Singapur zu Hause ist. Sie kann als perfektes Beispiel der neuen Generation maltesischer Übernachtungsmodelle gelten, die nach und nach den anonymen Fassaden der großen Hotels an die Seite gestellt werden. Vielleicht spielt dabei auch die prestigeträchtige Wahl von Valletta zur Europäischen Kulturhauptstadt 2018 eine Rolle, denn in den alten Gassen der Hauptstadt und den Three Cities eröffnen immer mehr kleine Hotels, Bed & Breakfasts und winzige Resorts, die dem internationalen Publikum einen weniger konventionellen Aufenthalt versprechen.

Im Erdgeschoss können Gäste und Besucher in einem winzigen Innenhof, von dem die Treppe zu den vier Zimmern der Locanda führt (jedes in einem individuellen Stil und einer ganz besonderen Atmosphäre gehalten), einen der vom Haus offerierten Tees genießen. Dazu werden kleine Kekse gereicht, die wie die Gnocchetti mit Mandeln und Zitrone oder Orange oder auch den Cantucci von der weit entfernten Konditorei Fausto auf der toskanischen Isola del Giglio stammen. Bei den Kräutertees sollten Sie den Siam Lemongrass (mit Ingwer und Mandarinen- und Orangenaroma), den Little Dickens, einen südafrikanischen Bio-Rooibos oder den klassischen Queen's Guard mit den Aromen des Lavendels und der Rose probieren.

Ferner Orient und Mittelmeer sind hier also vereint, was gar nicht so weit hergeholt ist, denn schließlich haben jahrhundertelang Schiffe aus entlegenen Kontinenten wenig bekannte Gewürze und Aromen an die Kais des Grand Harbour gebracht.

Adresse Triq il-Kunsil Popolari 3, Birgu, Malta, Tel. 21807897, www.locandalagelsomina.com | ÖPNV Birgu Center (Bus 2); Three Cities Ferry von Valletta | Tipp Unter Hausnummer 43 der nahen Triq il-Kwartier erinnert eine Gedenktafel daran, dass der 1660 erbaute Palast einst das erste Krankenhaus des Ordens war und später zum Nonnenkloster umfunktioniert wurde.

38_Der Palast des Inquisitors

Die spartanische Kammer der Verurteilungen

Am 1. August 1574 erreichte Monsignor Pietro Dusina im Auftrag des Papstes Gregor XXIII. Boncompagni Malta. Sein Auftrag war klar umrissen und für die katholische Kirche von äußerster Wichtigkeit. In einer Zeit, in der sich die protestantischen Konfessionen immer breiter machen, schien Rom die Kontrolle über die Rechtgläubigkeit der Malteser Ritter zu entgleiten, denn die Chronisten berichten, dass sich im Orden »mindestens zwanzig Hugenotten und Lutheraner« befunden hätten.

Die Zahlen sind vielleicht übertrieben, aber die protestantischen Lehren waren weit verbreitet.

Nach einem kurzen Aufenthalt im Fort St. Elmo zog Monsignor Dusina als Oberster Inquisitor der Insel in ein verlassenes Gebäude im Eigentum des Ordens im Zentrum von Birgu um. Dusina sollte neben der Untersuchung möglicher Häresien zwischen dem Großmeister de la Cassière und dem Bischof Frieden stiften sowie Informationen zur Funktionsweise des maltesischen Staates sammeln (und nach Rom übermitteln).

Ein Job, der es in sich hatte und von dem im Volksmund nur ein Begriff erhalten blieb: Inquisition. Der bloße Name genügt schon, um in unseren Köpfen Torquemada, die Glaubenskongregation, Galilei und Hunderte grausamer Prozesse wach werden zu lassen.

Vor der Zwangsräumung durch die napoleonischen Truppen 1798 war der barocke Palast, der auf eine enge Gasse der Altstadt hinausgeht, Archiv, Wohnung und auch Sitz des Inquisitionsgerichts. Heute ist noch die kleine Schlafkammer des Prälaten und der karge Saal vorhanden, wo sich die Prozesse abspielten, mit dem Schreibpult des Sekretärs und dem harten und dunklen Richterstuhl des Inquisitors, dessen abschreckende Wirkung nur von einem kleinen roten Kissen abgemildert wird.

Gleich daneben die grimme Zelle, in der die besorgten und ängstlichen Verurteilten bis zum Urteil, das ihr Leben verändern sollte, eingesperrt blieben.

Adresse Triq Il-Palazz Ta' l-Isqof, Birgu, Malta | **ÖPNV** Birgu Center (Bus 2); Three Cities Ferry von Valletta | **Öffnungszeiten** Mo–So 9–17 Uhr, www.heritagemalta.org | **Tipp** Unter Hausnummer 25 Triq Hilda Tabone, dem Palast der ehemaligen Auberge de France, dem Wohnsitz der französischsprachigen Ritter, befindet sich heute das Rathaus von Vittoriosa (Birgu).

39_Das Schiffsmuseum

Die Neptun-Galionsfigur

Fast ein Jahrhundert verging zwischen dem Stapellauf der HMS Hibernia in Plymouth am 17. November 1804 und ihrem Verkauf 1902, der ihrer mehr oder weniger glorreichen Geschichte ein Ende setzte. Ihre Planken und Masten sollen, unvorsichtigerweise zerhackt und in den Backöfen der Stadt verfeuert, wohl aufgrund ihres langen Lebens auf See inmitten der Kämpfe und des Pulverdampfs in den Three Cities eine Bleivergiftung ausgelöst haben.

Alles, was vom Linienschiff mit seinen beeindruckenden 110 Kanonen blieb, ist die sympathische und rüstige Figur eines enormen Neptuns, der mit einer goldenen Harfe in den Händen im undankbaren Beruf der Galionsfigur ein Jahrhundert lang von Gischt, Spritzern und Riesenwellen umtobt war. Der alte Meeresgott ist viel herumgekommen: Schon 1807 hat er den portugiesischen Hof auf seiner Flucht nach Brasilien eskortiert.

In der hundertjährigen Karriere des Schiffs (und seines Meeresgottes) hat es auch an unerquicklichen Missionen nicht gefehlt, etwa anlässlich des Transports der Zwangsarbeiter, die aus ihrer englischen Heimat in die entlegensten Gebiete Australiens deportiert wurden. Triste und endlos lange Fahrten: Das Schiff verließ Portsmouth am 20. November 1818 mit einigen hundert Sträflingen und erreichte Sydney am 18. Juni nach genau sieben Monaten auf See.

Das Museum der Schifffahrt ist – Ironie des Schicksals – genau in dem Gebäude untergebracht, in dem möglicherweise tatsächlich einige der Planken und Masten der Hibernia verfeuert wurden, der Royal Naval Bakery, also der maltesischen Bäckerei der Flotte. Hier stößt man auf Reste und Bilder wendiger Kriegsgaleeren des Ordens, Souvenirs der letzten Kriege und sogar auf den Nachbau einer (verrufenen) Taverne, die prügelselige Matrosen im Hafen von Malta anzog.

Ein paar Meter sind es zu den Kais des Yachthafens, wo die stolzen Rümpfe von Motor- und Segelbooten und privaten Yachten in der Sonne glitzern, die zu den schönsten und luxuriösesten des Mittelmeers zählen.

Adresse Birgu Waterfront | **ÖPNV** Riche (Bus 2, 3, 4, 124, 213); Birgu Center (Bus 2) | **Öffnungszeiten** täglich 9–17 Uhr | **Tipp** Steigt man zum Stadtzentrum hinauf, gelangt man in der Nähe des Museums zur Kirche San Lawrenz, die, im ausgehenden 17. Jahrhundert erbaut, die Klosterkirche des Ordens war, bevor die Konkathedrale errichtet wurde (siehe Ort 88).

40__St Lawrence Band Club

Der Club der Spielmänner

Musikkapellen sind auf Malta zu Hause, ob in Form örtlicher Vereine, exquisiter Clubs, Kirchengemeinden oder Schulen: Alle haben ihre Kapellen, die vor allem bei lokalen und religiösen Festen mit ihren Uniformen auf den Straßen und Plätzen großer und kleiner Orte ein echter Hingucker sind.

Der Brauch stammt von der ständigen Präsenz von Musikgruppen der englischen Truppenverbände und folgt einer Tradition aus den Zeiten der Großmeister des Malteserordens.

In Vittoriosa – also Birgu – gelangt man über ein Tor am zentralen Platz der Altstadt, gleich bei der Kirche San Lawrenz gelegen, zum Sitz der Soċjeta' Mużikali Banda Vittoriosana San Lawrenz, die im fernen 1883 gegründet und damals seiner Königlichen Hoheit, dem Grafen von Edinburgh gewidmet wurde.

Nach verschiedenen Umzügen haben die »Löwen« der Band von Birgu (sie heißen wirklich so, ihr Beiname ist »Tà Ljun«) ihren neuen Sitz im Palazzo Huesca an der Pjazza Vittoriosa eingerichtet. Mit Hilfe von einfachen Bürgern und Wohltätern konnte die Gesellschaft die Gelder zur Sanierung des Palazzo und des Übungssaals (und natürlich des Billardsaals) finden.

Bar und Restaurant wurden dagegen durch ein Joint Venture mit einem privaten Betreiber restauriert, der heute das Restaurant Be-Birgu im Inneren des Palazzo und seines prächtigen Innenhofs leitet. Kurioserweise bereiten hier deutsche und belgische Köche Frühstück, Mittagessen, Snacks und Abendessen zu. Daneben gibt es eine bemerkenswerte Auswahl traditioneller und belgischer Klosterbiere, die man im Herzen der Stadt in aller Ruhe genießen kann. Für die Kenner seien einige Sorten genannt: Duvel, La Chouffe, Leffe, Hoegaarden und Jupiler.

Das jüngste Vorhaben der verdienstvollen Gesellschaft ist die Restaurierung der Fassade, die dank der neuen Lichtanlage nun ein sehenswertes Spektakel an Lichtern und Farben in die süßen Nächte von Birgu zaubert.

Adresse Misrah ir-Rebħa 11 (Victory Square), Birgu, Malta | ÖPNV Birgu Center (Bus 2) | Öffnungszeiten täglich 7–23 Uhr | Tipp Hinter dem Palazzo liegt gleich die Auberge d'Angleterre (auf der Majjistral), wo seit dem 16. Jahrhundert die Ritter der englischen Nation untergebracht wurden und sich heute eine öffentliche Bibliothek befindet.

41 Nelson Street

Hier hat (vielleicht) der Admiral gelebt

Unter allen Admirälen, die sich im Pulverdampf der Seeschlachten ihren Ruf erworben haben, ist Horatio Nelson zweifellos der bekannteste. Mit zwölf Jahren in die Marine eingetreten, erklomm Nelson schnell die Karriereleiter in der Royal Navy.

Als Kommandant bereits berühmt (und verheiratet), übermannte ihn in Neapel die Liebe: Hier lernte er nämlich Emma Lyon kennen, Ehefrau von Sir William Hamilton, Botschafter des britischen Empire am Bourbonenhof. Als dieser, von Aufständischen und den nahenden Franzosen bedrängt, nach Sizilien fliehen musste, folgten ihm auch die Hamiltons auf Nelsons Schiff. Auf Anraten seiner Emma entsandte Nelson später einen Hilfskonvoi nach Malta, das aufgrund der französischen Seeblockade Hunger litt.

Von Sizilien aus segelte Nelson als Kommandant der »Foudroyant« zum maltesischen Archipel (an Bord Lady Emma und ihr bemitleidenswerter Ehemann) und ging in Marsaxlokk vor Anker. Nun begann seine Maltesische Zeit, mit Besuchen in der Blue Grotto und langen Tagen auf Gozo, immer im Beisein seiner schönen Geliebten, der sogar die Orgel der Kathedrale von Mdina für ihre Musikabende »geliehen« wurde.

Nelson entschied sich schließlich doch für ein Leben allein und wohnte während seines Inselaufenthalts in der Nähe des Piers, an dem seine Schiffe ankerten.

Die Tradition will es, dass der Name der steilen Triq Nelson vom ehemaligen Wohnsitz des Admirals abgeleitet sei. Wir wissen nicht, in welchem Haus (und ob überhaupt) Nelson logierte, aber die Faszination dieser kleinen Straße mit ihren bunten »galerija« spricht dafür.

Wer wissen will, wie die Geschichte zu Ende ging: Nach seinem Aufenthalt auf Malta trennte sich Nelson von seiner Ehefrau und lebte mit Lady Emma zusammen, mit der er eine Tochter hatte, um dann im Herbst 1805 zu fallen, von einem französischen Scharfschützen in der Schlacht von Trafalgar getroffen.

Adresse Triq Nelson (Nelson Street), Bormla (Cospicua), Malta | **ÖPNV** Bormla (Bus 2, 3); oder die Fährschiffe: www.vallettaferryservices.com | **Tipp** An der Meerespromenade, rechts vom Eingang der Straße mit dem Namen des berühmten Admirals, befinden sich die Kirche von Santa Tereza, mit einem der Schule von Mattia Preti zugeschriebenen Altarflügel, und das angrenzende Kloster der Unbeschuhten Karmeliter.

42_Die Fähre nach Gozo

Die Hinfahrt ist gratis

Die Bewohner der kleinen Republik Malta, die bei der Volkszählung 2014 auf ganze 445.426 Einwohner kam, pflegen eine ausgeprägte Neigung, zwischen den Inseln Malta und Gozo hin- und herzufahren. So sind die Fähren, die in der Meerenge unermüdlich unterwegs sind, fast immer prall gefüllt, und die Fährgesellschaft, die für die Seebeförderung zuständig ist, spricht von jährlich über vier Millionen Passagieren und 1,2 Millionen Fahrzeugen, die sich auf 200.000 Überfahrten im Jahr verteilen. Zu welcher Tageszeit man die Meerenge von der maltesischen Steilküste bei Marfa oder dem Ort Nadur auf Gozo auch bewundert, immer ist die Silhouette einer Fähre zu entdecken, die am kleinen Comino vorbeifährt, um in die Zielhäfen der beiden Inseln einzulaufen.

Die Fährbetreiber, die das Ein- und Ausschiffen auf sehr effiziente Art und Weise bewältigen – welche in gemütlichen und überdachten Terminals erfolgen, um die Reisenden vor winterlichen Regengüssen und sommerlicher Hitze zu schützen –, hatten eine geniale Idee: Wenn Sie das erste Mal das geräumige Fährterminal Ċirkewwa betreten und vergeblich nach einem Fahrkartenschalter Ausschau halten, dürfte Ihnen die Lösung sofort einleuchten. Sprechen Sie einen der wartenden Passagiere an, ist die Antwort so überraschend wie simpel: Den Ticketschalter gibt es nicht.

Auf Gozo dagegen müssen die erworbenen Tickets am Drehkreuz des Terminals vor Fahrtantritt ganz normal entwertet werden. Aber da man sich auf Gozo auf keine andere Art und Weise davonstehlen kann, als eben eine Fähre zu nehmen, konnte man sich einen Ticketverkauf mit den dazugehörigen Kosten für Personal, Drehkreuze, Fahrkartendruck auf Malta einfach sparen und nur einen in Funktion belassen, den man ohnehin passieren muss, um dort ein Ticket für Hin- und Rückfahrt zu lösen. Hat man das Rätsel gelöst, kann man die Überfahrt bei einigen *pastizzi* an der Bordbar oder beim Panorama auf das kleine Comino genießen, wo der Turm der Heiligen Marija (siehe Ort 2) aus großer Höhe über dem türkisblauen Wasser der Blue Lagoon thront.

Adresse Hafen von Ċirkewwa, Malta und Hafen von Mġarr, Gozo | **ÖPNV** Zum Hafen von Ċirkewwa: Ċirkewwa (Bus 41, 42, 221, 222); Hafen von Gozo: Mġarr (Bus 301, 303, 323) | **Öffnungszeiten** alle 45 Minuten von 6.45 bis 24 Uhr, www.gozochannel.com | **Tipp** Genau oberhalb der Piers des Hafens von Gozo befindet sich die der Madonna von Lourdes geweihte Kirche. In ihrem gotischen Gepräge im Stil einer französischen Dorfkirche erscheint sie hier etwas fehl am Platz, wartet aber nichtsdestotrotz mit einem herrlichen Ausblick auf die Meerenge auf.

43__St Peter's Pool

Ein Pool für gute Schwimmer

Ein Sprung aus sechs bis sieben Metern – elegant mit dem Kopf voraus oder lieber mit den Füßen zuerst – ist die spektakulärste Art, sich in die kristallklaren Wasser des St Peter's Pool zu stürzen. Die Bucht liegt auf der Ostseite der Halbinsel von Delimara in der Nähe von Marsaxlokk, dessen Richtung man von Weitem leicht durch den imposanten Schornstein des Kraftwerks ausmacht.

Um den Pool zu erreichen, fährt man mit dem Auto eine holprige Straße entlang, die zum Leuchtturm von Delimara führt, bis zu einem Schild, das mit der Aufschrift »Peter's Pool« nach links weist: Von hier steigt man zum Meer hinab, das man in einer Viertelstunde Fußmarsch erreicht. Sind Sie ohne Fahrzeug unterwegs, fragen Sie in Marsaxlokk nach dem Pool. Sie werden dann zu einigen Kleintransportern gewiesen, die einen Taxiservice zum Ausgangspunkt des Fußweges anbieten.

Der Grund der kleinen Bucht besteht aus hellen, flachen Felsen, auf denen man sich bequem zum Sonnen niederlassen kann. Sind Sprünge nichts für Sie, gibt es auch praktische Treppchen, über die man bequem ins Wasser gleitet. An windigen Tagen kann der Ein- und Ausstieg aus dem Wasser etwas komplizierter werden, seien Sie daher vorsichtig, wenn Sie Kinder dabei haben. Die Meeresgründe in der Umgebung sind Schnorchelparadiese, und die Felsen der Klippen bieten auch zu den heißesten Stunden einladenden Schatten für alle, die Angst vor Sonnenbrand haben.

Im gesamten Umkreis der Bucht gibt es keine Bars oder Läden, sodass Sie unbedingt ausreichend Wasser und Essen mitbringen sollten. Der St Peter's Pool ist besonders bei jungen Leuten beliebt und in den Morgenstunden fast verwaist, sodass sich Frühaufstehen lohnt, denn diese Stunden sind die angenehmsten und ruhigsten des Tages.

Es gibt mehrere Buchten in der Gegend, aber diese ist die beliebteste, da man hier im Schutz der Felsen die störende Silhouette des Kraftwerks nicht sieht.

Adresse Delimara, Marsaxlokk, Malta | ÖPNV Delimara (Bus 119). Im Sommer verkehren Zubringerbusse von und nach Marsaxlokk für 5 Euro H/R | Tipp Dringt man bis zur Spitze der Halbinsel Delimara vor und lässt das Kraftwerk hinter sich, kann man zur Bucht von il-Kalanka hinabsteigen, die flache Felsen und einen guten Zugang zum Wasser bereithält.

44_Clapham Junction

Die Eisenbahn der Vorzeit

Dass die Briten einen besonderen Sinn für Humor haben, ist bekannt. Wenn die modernsten Wolkenkratzer Londons mit den phantasievollen Namen »The Gherkin« (Gurke) oder »The Cheesegrater« (Käsereibe) belegt werden, sollte man nicht denken, dass es sich um eine jüngere Angewohnheit handelt.

So steht auch auf Malta der Name »Clapham Junction« (angelehnt an den großen, 1863 eröffneten Londoner Bahnhof) zwar für Gleise, aber solche, die vor 5.000 Jahren in den Kalksteinfelsen gehauen wurden.

Hat man eine Reihe von Trockenmauern und die römischen Steinbrüche passiert, betritt man eine beeindruckende Szenerie: Der weiße Kalkstein, der gnadenlos das Licht und die Hitze der Sonne reflektiert, ist von Aberdutzenden paarweisen Furchen durchzogen, die parallel verlaufen oder sich überschneiden, genau wie es moderne Eisenbahngleise tun.

Die Rillen der Gegend von Misraħ Għar il-Kbir sind allgemein unter dem Namen Cart Ruts, »Wagenfurchen«, bekannt (eine für britische Verhältnisse atypisch humorfreie Feststellung). Sie bringen es auf zehn Zentimeter bis zu einem halben Meter Tiefe, und der Abstand der parallel verlaufenden Gleise beträgt von 110 bis zu maximal 140 Zentimeter.

Jahrzehntelang haben Forscher über die Natur und vor allem den Zweck dieser einzigartigen Gleise gerätselt, die sich auch in anderen Gebieten des Archipels befinden. Der maltesische Archäologe Themistocles Zammit kam nach langen Studien zu der Schlussfolgerung, dass die Cart Ruts auf die Epoche der großen prähistorischen Zivilisationen zwischen 4000 und 2500 vor Christus zurückgehen. Vielleicht sind es Spuren von Schlitten mit Holzkufen, deren »Spurrillen« von durchfahrenden Baustein-Transporten mit der Zeit immer tiefer geworden sind. Möglich ist auch, dass die Urmenschen Ackererde beförderten, die sie zur Anlegung neuer Felder auf den nackten Fels ablagerten.

Adresse Archäologische Stätte von Siġġiewi, Dingli, Malta | ÖPNV Buskett (Bus 56, 181), dann 10 Minuten zu Fuß in östlicher Richtung | Tipp In etwa einer halben Stunde Fußmarsch erreicht man, am Ende der Hochebene, den Rand der Klippen von Dingli, wo sich unweit die riesige Kugel einer Radaranlage erhebt.

45 Der Wanderweg nach Dingli

Ein Balkon auf das Mittelmeer

Der Eindruck, den der Südwesten von Malta hinterlässt, sind Verkehr, enge Straßen, die sich um Häuser und Gärten schlängeln, und wenige offene Räume. Aber hinter den Kaktusfeigen und den Bougainvilleen erstrecken sich für die, die genug Geduld zu ihrer Entdeckung mitbringen, viele interessante und stille Pfade.

Rabat kann als guter Ausgangspunkt fungieren: Von der antiken Stadt, die zur Vorstadt der arabischen Festung von Mdina wurde, führt eine schöne Wanderung nach Süden in Richtung Virtu zu den spektakulären Klippen von Dingli.

Die erste Station markieren die Ruinen von Dar l Isqof, dem Bischofssitz aus dem 17. Jahrhundert, dessen Überreste von der Macchia überwuchert liegen. Dann steigt man zum Verdala Palace hinauf, der heutigen Residenz des Präsidenten der Republik, die jedoch am ausgehenden 16. Jahrhundert als befestigter Palast des Großmeisters Hugues Loubenx de Verdalle angelegt wurde. Nach mehr als einer Stunde Spaziergang in der prallen Sonne, zwischen riesigen Kaktusfeigen, die die Felder ringsherum begrenzen, ist es eine Wohltat, die Buskett Gardens zu erreichen, ein schattiges Plätzchen mit Pinien, Zypressen, Orangenbäumen und Steineichen, das die Ritter in dieser so dürren Landschaft als »Wäldchen« anlegten, wo sie zur Jagd gehen konnten. Vom nahen Clapham Junction (siehe Ort 44) erreicht man die große Senke mit der Höhle von Għar il-Kbir, die bereits in prähistorischer Zeit durchgehend bis 800 bewohnt war. Schlagartig endet der Aufstieg am Rand der schwindelerregenden Dingli Cliffs, dem höchsten Punkt der Insel.

Mit dem weiten Blick zum Meer und zur kleinen Insel Filfla geht der Wanderweg weiter nach Osten und führt über die Felsen von Fawwara und die Häuser von Lapsi zu den drei parallel angelegten Tempeln von Mnajdra. Wer ein wenig Trekking-Erfahrung besitzt (und einen Wasserproviant sowie einen Sonnenhut mit sich führt), den erwarten vier Stunden Einsamkeit und Stille in einem mal ganz anderen Malta.

Adresse Kirche von St Pawl, 64 Triq Ir-Rebħa, Ir-Rabat, Malta | **ÖPNV** Verschiedene Agenturen organisieren geführte Spaziergänge auf Malta (darunter MC Adventure, www.mcadventure.com.mt). Die Wanderung kann bei der Kirche von St. Paul an der Triq San Pawl in Rabat starten. | **Tipp** Entlang des Weges kann man sich beim Chateau Buskett stärken, das generell vor allem für Empfänge und Hochzeiten gebucht wird, aber daneben auch Schatten, Kaffee und Snacks bereithält (www.chateaubuskettmalta.com).

46_Die Insel Filfla

Unbewegliches Ziel

Wer die prähistorischen Tempel von Ħaġar Qim und Mnajdra besichtigt, wird sicher beim Blick Richtung Süden über das Meer einige Klippen, eine kleine Ansammlung Felsen in Form eines Schiffs bemerken, die sich weniger als fünf Kilometer vor der Küste über dem Wasser erhebt.

Die kleine Insel Filfla bildet zusammen mit der nahen Klippe Filflu auf den Landkarten den südlichsten Punkt des Maltesischen Archipels. Der Name scheint sich vom arabischen »felfel« abzuleiten, das »Pfefferkorn« bedeutet, denn die Seefahrerkarten des 16. Jahrhunderts nannten sie auf Latein »Piper«.

Die kleine Insel ist von jeher unbewohnt, auch wenn einige Lager und eine Zisterne für Fischer in Seenot angelegt wurden. Auf den Felsen entstand auch eine kleine Kapelle, die jedoch im Zuge des Erdbebens von 1856 verschwunden ist, das einen Teil der Klippen mit sich riss. Die ganz besondere Silhouette der Insel hat schon immer all jene fasziniert, die sie von der Küste aus betrachteten. Ganz besonders schien sie dem harten, aber romantischen Walter Norris Congreve gefallen zu haben, Gouverneur Maltas von 1924 bis 1927, der sich hier begraben ließ, wie ein kleines Monument auf der Klippe bezeugt.

Leider beschloss die Royal Navy, dass sich ihre Form ideal zur Ausbildung von Kanonieren in Friedenszeiten eigne. So wurde das Eiland jahrzehntelang auf jede nur erdenkliche Art und Weise bombardiert.

Diese Übungen haben ihr Profil verändert und Spuren in Form gefährlicher, nicht detonierter Geschosse hinterlassen. Diese Spuren sollen allerdings von furchtlosen Fischern heimlich aufgesammelt und in den Feuerwerken recycelt worden sein, die die Stadtheiligenfeste erhellen.

Heute kann sich das kleine Filfla einer außergewöhnlich großen Kolonie von mehr als 5.000 Paaren des *Hydrobates pelagicus melitensis* rühmen, des Europäischen Sturmvogels.

Adresse Südküste von Malta | ÖPNV Die Insel ist unzugänglich. Mnajdra erreichen Sie über die Haltestelle Hagar der Buslinien 201 vom Flughafen oder der 74 von Żurrieq. | Tipp Ganz in der Nähe von Mnajdra liegen die Piers von Żurrieq, von wo aus bei ruhiger See Bootsausflüge zur Blue Grotto, der spektakulären Klippenhöhle, starten.

47__Esplora

Feuerwerke und Container

Mischen Sie Schießpulver mit verschiedenen mysteriösen chemischen Zutaten und entscheiden Sie, ob Ihr Feuerwerk rot, grün oder blau sein soll. Erhöhen Sie die Pulvermenge, detonieren die Feuerwerksraketen in größerer Höhe.

Vermengen Sie die virtuelle Mischung mit speziellen Zusatzstoffen, erhalten Sie Sternchen, bunte Schweife oder wogende Flammen. Ist die »Konstruktion« auf dem Display fertig, genügt ein Druck auf den roten Knopf, um auf dem Bildschirm den Effekt Ihrer pyrotechnischen Spektakel im Nachthimmel von Birgu zu sehen.

Die Feuerwerke sind nur eines von vielen Erfahrungen, die Kinder (aber vielleicht vor allem ihre Eltern) in den Sälen der ehemaligen Villa Bighi machen können, in der sich früher das Krankenhaus der britischen Royal Navy befand. Der beeindruckende Bau mit seinen majestätischen Säulen und Gärten wurde erst kürzlich für die Öffentlichkeit geöffnet.

Wenn Sie alles über Elektrizität und ihre Geheimnisse, das perfekte umweltfreundliche Haus, die Steuerung eines Schiffs, die Beschaffenheit der Erde wissen wollen oder wie man sich zum Klang Ihrer eigenen Musik auf einer gigantischen Klaviatur möglich elegant bewegt, dann ist Esplora der richtige Ort für Sie. Solange Sie sich Zeit nehmen und Ruhe bewahren, denn sonst könnten Sie mit Ihren Kindern in Clinch geraten, wer das Recht hat, zuerst den Kran mit den Saugnäpfen zu steuern, der die Container im Hafen von Malta an ihren Bestimmungsort hebt.

Das Zentrum, das Freizeitaktivitäten für Kinder und Schüler organisiert, verfügt nicht nur über ein modernes Museum: An den Tischen des Esplora Café kann man sich bei einem Snack entspannen. Der spektakuläre Ausblick auf die Befestigungen von Valletta und das blaue Wasser des Grand Harbour ist über einen modernen Aufzug erreichbar. Lassen Sie alles langsam auf sich wirken: Das Spielen, vor allem mit den Geheimnissen der Wissenschaft, ist eine ernste Sache!

Adresse Villa Bighi, Triq il-Marina, Kalkara, Malta; www.esplora.org.mt | ÖPNV Esplora (Bus 3, 213) | Öffnungszeiten Di–Fr 9.30–16 Uhr, Sa 10.30–17 Uhr, So 11.30–18 Uhr, Mo geschlossen, Tel. 25401900 | Tipp Man kann das Museum auch auf dem Seeweg mit den Touristenbooten aus Birgu erreichen, die am Cot Lift anlegen, dem Aufzug, der bis zum Zentrum des Ausstellungskomplexes fährt.

48__Twistees

Maltesischer Aperitif

Manche Speisen, Leckereien oder besondere Aromen können zur Leidenschaft werden, besonders wenn man fern von zu Hause oder im Urlaub weilt. Ein Gaumenschmaus, den man sich nicht versagen möchte, solange man in der goldenen und friedlichen Ferienzeit schwelgt. In der Provence kann es ein eiskaltes Glas Kir sein, in Istanbul ein Tütchen duftender Pistazien oder ein Teller Tapas in Málaga. Die Vielzahl an Geschmacksnoten, die man auf Malta findet und die Frucht der unterschiedlichen Kulturen und des mediterranen Klimas sind, fasst ein Vorspeisenteller mit Oliven, Käse, Aufschnitt, Kapern und kleinen Bruschette mit Tomaten ganz gut zusammen.

Aber es gibt einen sehr speziellen und wenig traditionellen Snack, der nicht nur die Malteser, sondern auch die Besucher in Ekstase versetzt und erfolgreich nach Deutschland und dem Vereinigten Königreich ausgeführt wird.

Die Rede ist natürlich von den Twistees, kleinen, mit Käse überzogenen Flutes, die in 50-Gramm-Tüten Läden und Supermärkte bevölkern (keine Angst, es gibt auch größere Packungen) und auf der Heimreise gern im Duty Free Shop am Flughafen in den Einkaufskorb wandern.

Diese leichten Käsesnacks mögen anderen sehr ähnlich sein, aber hier haben sie mit diesem Rezept die Konkurrenz ausgebremst. Auf den Siegeszug der Original-Twistees folgten zahlreiche andere Geschmacksrichtungen, die aber ihrem illustren Vorgänger nicht das Wasser reichen konnten.

Sitzt man mit dem oder der Liebsten in Erwartung des Sonnenuntergangs am Meer oder inmitten der ockerfarbenen Mauern von Mdina vor einem Tellerchen mit Oliven und Twistees, hat man die Qual der Wahl: Was trinkt man? Ein Cisk Lager oder ein Craft-Bier Marke Lord Chambray? Ein Gläschen Weißwein aus Gozo, einen Mojito oder einen Prosecco?

In jedem Fall guten Aperitif!

Adresse Die Twistees wurden von der Darrell Lee Foods kreiert, die ihren ersten Fertigungsbetrieb in Marsa, Malta, unterhielt. | Tipp Auf Malta dürfen Sie nicht vergessen, die Kapern zu probieren, die hier nicht in Salz eingelegt, sondern mit einer leichten Essignote als Snack genossen werden.

49__Das Auge des Osiris

Fischerboote wie vor 3.000 Jahren

Seit frühesten Zeiten haben Schiffe und Boote des Mittelmeers Augen, um sich vor dem bösen Blick zu schützen, sich Poseidon gewogen zu machen oder vielleicht den Booten ein menschliches Antlitz zu verleihen, damit sie auf diese Weise den besten Weg durch die Wellen finden.

Die Phönizier schmückten den Bug traditionell mit Augen, so wie auch die von Homer in der »Odyssee« besungenen Boote sicherlich Augenpaare aufwiesen: »Richteten wir die Masten und spannten die schimmernden Segel, / Setzten uns hin und ließen vom Wind und Steuer uns lenken«. So beginnt die Geschichte von der Flucht des Odysseus aus dem Land der Kikonen, und man sieht förmlich das Blau und Schwarz der traditionellen Glücksbringeraugen auf den Schiffen der Griechen vor sich.

Mit dem Aufkommen der Schiffe aus Eisen, Plastik oder Glasfaserkunststoff ist diese antike Gepflogenheit fast gänzlich an den Küsten des Mittelmeers verschwunden. Aber nicht auf Malta.

Bei den inseltypischen *luzzi*, die immer noch zum Fischfang verwendet werden, handelt es sich wirklich noch um Holzboote in hellbunten Farben (gelb, grün, blau und rot), die traditionell von den »Augen des Osiris« geschmückt sind. Wir sind nicht ganz sicher, ob der König der ägyptischen Götter gemeint ist (einige führen seinen Sohn, den göttlichen Falken Horus, an), wir wissen jedoch, dass die *luzzi* unserer Tage im Großen und Ganzen dieselbe Form wie vor 3.000 Jahren aufweisen, als die ersten phönizischen Händler in der Bucht von Marsaxlokk festmachten.

Diese auch hohem Seegang standhaltenden Boote verrichten ihr Metier wie eh und je, nur dass heute statt der Segel Außenbordmotoren die Boote bei Einbruch des Abends sicher in den Hafen zurückbringen, wo sie nach einem harten Arbeitstag, stolz auf ihre lange Tradition und den Laderaum voller Fische, geduldig für Fotos der Touristen und Neugierigen posieren. Morgen werden sie wieder die Meere pflügen, geleitet vom alles sehenden Auge des Osiris.

Adresse Hafen von Marsaxlokk, Xatt is-Sajjieda, Marsaxlokk, Malta | ÖPNV Marsaxlokk (Bus 81, 119, 210) | Tipp Nicht einmal eine Viertelstunde ist es zu Fuß vom zentralen Platz von Marsaxlokk zur Kirche der Madonna des Schnees (Madonna tas-Silg), nicht weil es hier geschneit hätte. Erinnert wird an das Wunder des Schneefalls, der in Rom im August des 4. Jahrhunderts fiel und den Ort der Basilika von Santa Maria Maggiore anzeigte.

50__Der Fischmarkt

Sichern Sie sich Ihren Fisch

Schon in den frühen Morgenstunden wimmelt es am Kai in Marsaxlokk von Hausfrauen, Menschen aus ganz Malta, Besuchern und Touristen. Grund für diese Zusammenkunft ist der große Markt, auf dem man frischen Fisch zu sehr günstigen Preisen erstehen kann (wenn man früh genug aufsteht). Inmitten der Massen rund um die Stände muss man sich der Konkurrenz aus rüstigen Damen erwehren, die in einer heiteren und lautstarken Atmosphäre die Fische beäugen und um die Preise feilschen.

Das Angebot richtet sich natürlich nach dem Fangglück der Nacht davor, aber im Allgemeinen mangelt es nicht an Tintenfischen, Kraken, großen Thunfischen oder Schwertfischen, denen mit beeindruckenden Messern zu Leibe gerückt wird, Zahnbrassen, Zackenbarschen und der berühmten »lampuka« (Goldmakrele), die ein wenig der »Nationalfisch« der maltesischen Küche ist.

Wer vom europäischen Festland kommt, ist wahrscheinlich überrascht, dass die Preise für frischen Fisch in Marsaxlokk deutlich unter denen in Italien, Deutschland, Frankreich oder Großbritannien liegen. Neben den Fischern haben sich auch Stände mit anderen Lebensmitteln hier angesiedelt. Einige sympathische Frauen des Ortes verkaufen aus Wägelchen oder umfunktionierten Kinderwagen heraus ihre Oliven, Kräuter, Blumenzwiebeln (eine Augenweide sind die Freesien) und vor allem Kapern, die nicht in Salz eingelegt, sondern mit etwas Essig aromatisiert werden. Auch hier kann man Schnäppchen machen und sogar, mit dem gebotenen Charme, handeln.

Wenn Sie auf Durchreise sind und daher die Köstlichkeiten des Meeres nicht in Ihrer Küche zubereiten können, müssen Sie dennoch nicht auf sie verzichten: An der Uferpromenade tummeln sich Dutzende Restaurants, die den Fisch nach hiesigen Rezepten auf dem Grill zubereiten.

Um angesichts des regen sonntäglichen Treibens nicht leer auszugehen, sollten Sie Ihren Tisch mit Meerblick am besten im Voraus reservieren.

Adresse Xatt is-Sajjieda (Uferpromenade von Marsaxlokk), Marsaxlokk, Malta | ÖPNV Marsaxlokk (Bus 81, 119, 210) | Öffnungszeiten So 7–13 Uhr | Tipp In etwa drei Kilometer Entfernung von Marsaxlokk kann man die Höhle von Għar Dalam besichtigen, in der Knochen von Flusspferden und Kleinelefanten gefunden wurden (www.heritagemalta.org/museums-sites/ghar-dalam).

51_Die Telefonkabinen

Die Erben der K2

Oft sind es nicht die Kathedralen, Festungen oder die großen Bronzedenkmäler, die zum charakteristischen Kennzeichen einer Epoche werden, sondern weniger noble, alltägliche Gegenstände wie das Einwegfeuerzeug Bic, die Kaffeemaschine Moka Express oder das exotische Bild auf den Gitanes-Schachteln. Und in der angelsächsischen Welt natürlich die roten Telefonkabinen.

So ging der große Architekt Giles Gilbert Scott nicht für die Waterloo Bridge oder die Cambridge University Library, sondern für sein Projekt »Kiosk n. 2« in die Geschichte ein, das 1924 die Ausschreibung der britischen Telekommunikationsbehörde für neue Telefonkabinen gewann.

Ursprünglich wurden die Telefonzellen aus rotem Gusseisen gefertigt und erreichten über eine Tonne Gewicht, obwohl Scott eine Ausführung in silbergrauem Stahl angeregt hatte. Dennoch schlug die schlichte rote Kabine im ganzen Commonwealth wie eine Bombe ein und gilt heute neben dem Mini, der Spitfire, den Doppeldeckerbussen und dem U-Bahn-Plan von London zu den zehn Ikonen des britischen Designs.

Im Laufe der Jahre erfuhr das Telefonhäuschen viele Änderungen, aber die *telephone boxes* mit dem stolzen Wappen der englischen Krone sind sich mehr oder weniger treu geblieben und schmücken nicht nur die Britischen Inseln, sondern auch Gibraltar, Portugal und eben Malta, wo noch einige Exemplare in Betrieb sind.

Eine der am besten erhaltenen liegt in Marsaxlokk, neben der Kirche Our Lady of Pompei und unweit der Promenade, wo die Fischerboote für den berühmtesten Fischmarkt Maltas festmachen (siehe Ort 50). Was den unvergänglichen Ruhm architektonischer Meisterwerke betrifft, die der Phantasie und der Feder von Giles Gilbert Scott entspringen, dürfen wir das Kraftwerk von Battersea unweit der Victoria Station in London nicht vergessen, das mit seinen weißen Schornsteinen das Cover des Pink-Floyd-Albums »Animals« aus dem Jahr 1977 ziert.

Adresse Pjazza Madonna ta' Pompei, Marsaxlokk, Malta | **ÖPNV** Marsaxlokk (Bus 81, 210); Cippi (Bus 119, 210) | **Tipp** In luftiger Höhe, über dem Giebel der Kirche Our Lady of Pompei, sieht man, in der Ikonografie eher ungewöhnlich, Maria in einem Boot, was als Ehrung der Architekten an die Seeleute des Ortes zu verstehen ist.

52 Das Museum der Kathedrale

Dürer in Mdina

Schon als ganz junger Mann war Albrecht Dürer dank seiner meisterlichen Fertigkeiten als Zeichner und Kupferstecher (neben der Mathematik) der bekannteste Vertreter einer Bewegung, die viele die »nordische Renaissance« nennen.

Schließlich stand Dürer im Kontakt mit den großen italienischen Künstlern der Epoche wie Raffael und Leonardo da Vinci – von denen sich der Deutsche bei der Auswahl der Sujets und der Raffinesse des Pinselstrichs inspirieren ließ – und schuf als Hofmaler des Kaisers Maximilian I. prächtige Werke der Apokalypse und verschiedener Heiliger und Seliger.

Viele wissen nicht, dass eine der größten Sammlungen seiner Werke außerhalb Deutschlands sich im maltesischen Mdina befindet, die sich hinter den Kollektionen der größten Museen Europas nicht verstecken muss. Im Jahr 1969 wurde das alte Seminar im barocken Stil, das 1733 um einen schattigen Innenhof herum angelegt worden war, zum Sitz des Museums der Kathedrale von Mdina. Zuvor diente das Gebäude als Hauptquartier der britischen Truppen und wurde später ein Hospiz.

Ende 2018 werden die Werke des Nürnberger Künstlers wieder in den frisch restaurierten Sälen des Museums zu sehen sein, sodass man sämtliche Drucke der Geschichte der Jungfrau Maria, des heiligen Hieronymus sowie die seltene Darstellung von Maria mit dem Kind und einem Affen bewundern kann. Die Originalstiche weisen fast alle die Buchstaben A und D, also das Signum des Künstlers, auf, aber in der Sammlung befinden sich auch vier Fälschungen. Es handelt sich um Kopien, die der italienische Graveur Marcantonio Raimondi anfertigte, der, um den Wert seiner Reproduktionen zu erhöhen, nicht zögerte, sie als Werke Dürers auszugeben. Als dieser den Betrug entdeckte, erstattete er Anzeige gegen den Fälscher, der dazu verurteilt wurde, den sehr viel talentierteren Meister mit klingender Münze zu entschädigen.

Adresse Triq San Pawl, Mdina, Malta | ÖPNV Ir-Rabat (Bus 50, 51, 52, 53, 56, 109, 181, 182, 186, 201, 202), wenige Meter vom Zugangsportal der Zitadelle von Mdina | Öffnungszeiten Mo–Sa 9.30–17 Uhr, www.metropolitanchapter.com | Tipp Im Zentrum von Mdina, in Misraħ il-Kunsill, einem Palazzo aus dem 18. Jahrhundert, der einst Sitz der Moscati Parisio war, befindet sich heute der Xara Palace (www.xarapalace.com.mt), das einzige Hotel der Kette Relais & Châteaux auf Malta.

53__Der Palazzo de Piro

Erinnerungen an Mdina, »die Noble«

Die Geschichte von Mdina – arabisch für »Stadt« – ist sehr verschieden von der Vallettas. Als mittelalterliche Hauptstadt von Malta war sie bei den adligen Familien der Anjou, Aragons und Kastiliens beliebt, die hier ihre Paläste bauen ließen. Mit der Gründung von Valletta übernahmen die Ritter des Johanniterordens die Kontrolle über die neue Hauptstadt und die Three Cities, und Mdina wurde immer mehr zum Zentrum der Inselaristokratie, der *»città notabile«*, wie sie Alfons V. von Aragon nannte.

Heute gibt es nur noch sehr wenige Bewohner in der Altstadt, aber umso mehr große und kleine Palazzi der Familien, die in der glorreichen Vergangenheit über die Inseln herrschten. Zum Großteil sind die Gebäude heute öffentlich zugänglich.

Dies gilt auch für das Anwesen der Familie de Piro, das auf einem Projekt des berühmtesten Malteser Architektengeschlechts der Cassar beruht (allerdings wissen wir nicht, ob der Vater Girolamo oder der Sohn Vittorio verantwortlich zeichnete).

Am ausgehenden 19. Jahrhundert ließen sich hier Alessandro de Piro und seine Ehefrau, die florentinische Adlige Orsola, nieder (mit ihrer Großfamilie aus sieben Söhnen, einer davon im Ruch der Heiligsprechung, und zwei Töchtern). Der ursprüngliche Kernbau bestand aus drei Palazzi, die mehrmals von Grund auf umgewandelt wurden, um schließlich Sitz eines Dorotheen-Kollegs zu werden.

Der letzte Umbau des Palazzo de Piro begann 2005, als das Metropolkapitel der Kathedrale eine tief greifende Restaurierung in Auftrag gab, die dem Komplex wieder seine ursprüngliche barocke Gestalt verlieh.

Heute ist der Palazzo ein Restaurant mit Bar und bietet großzügige Flächen für Events und Galaessen sowie Kunstausstellungen. Auch für Eilige lohnt sich die Kaffeepause an einem der Tische über den alten Stadtmauern. Der Blick schweift zum fernen Valletta, das dem kleinen und gestrengen Mdina den Primat der adligsten Stadt Maltas abspenstig machte.

Adresse Triq Is Sur, Mdina, Malta | ÖPNV Ir-Rabat (Bus 50, 51, 52, 53, 56, 109, 181, 182, 186, 201, 202) | Öffnungszeiten Mo–Do 9.30–17 Uhr, Fr, Sa 9.30–22 Uhr, So 9.30–17.30 Uhr, www.palazzodepiro.com | Tipp In der Kathedrale von Mdina sollte man unbedingt das Fresko von Mattia Preti mit dem Schiffbruch des heiligen Paulus bewundern.

54__Der Palazzo Falson

Die zehn Stunden der Revolution

In der Altstadt von Mdina wirkt der Palazzo der reichen Familie Falsone aus dem 14. Jahrhundert besonders faszinierend. Jahrzehntelang firmierte er unter dem Namen Norman House nach seinem letzten Eigentümer, dem Kunstsammler Olof Frederick Gollcher, der fälschlicherweise annahm, es handele sich um einen Bau der Normannen aus Sizilien.

Man betritt das Gebäude über einen pittoresken, abgeschiedenen Innenhof mit einem sprudelnden Brunnen. Im Inneren sind die Sammlungen des fleißigen Gollcher zu einem Museum geworden, in dem man Gemälde und Pfeifen des Hauseigentümers, historische Objekte und Kunstwerke sowie eine herrliche Bibliothek in dunklem Holz bewundern kann.

Unter den ausgestellten Gegenständen sticht eine merkwürdige Uhr hervor, die statt des normalen, in zwölf Stunden aufgeteilten Zifferblatts nur zehn Zahlen aufweist. Es handelt sich nicht um eine Fehlkonstruktion, sondern um ein echtes Stück französischer Revolutionsgeschichte: Am 1. Vendémiaire des dritten Jahres der Französischen Republik stimmten die Revolutionäre für die Vereinheitlichung der Vielzahl unterschiedlicher Maßeinheiten, worunter auch die Uhrzeit fiel, für die man beschloss, dass künftig »der Tag, von Mitternacht bis Mitternacht, in zehn Teile oder Stunden unterteilt werde, die jede in weitere zehn Einheiten zerfällt, bis zur kleinsten messbaren Einheit. Der hundertste Teil der Stunde wird Dezimalminute, der hundertste Teil der Minute Dezimalsekunde genannt.« Nach dem Beschluss, der die Berechnungen der Wissenschaftler in jeder Disziplin ungemein erleichtert hätte, begannen die Uhrmacher entsprechende Instrumente herzustellen, bis die Dezimalstunde am 7. April 1795 wieder abgelöst und von Napoleon im Jahr 1806 endgültig abgeschafft wurde. Die französischen Arbeiter dürften es mit Erleichterung zur Kenntnis genommen haben, deren Wochen über die Dauer der neuen Zeitrechnung aus neun Tagen Arbeit und nur einem Ruhetag bestanden.

Adresse Triq il-Villegaignon, Mdina, Malta, Tel. 21454512; www.palazzofalson.com | **ÖPNV** wenige Meter vom Eingangsportal der Zitadelle von Mdina; Ir-Rabat (Bus 50, 51, 52, 53, 56, 109, 181, 182, 186, 201, 202) | **Öffnungszeiten** Di–So 10–17 Uhr, Mo geschlossen | **Tipp** Im Kloster des Palazzo Costanzo auf der Triq il-Villegaignon unweit vom Palazzo Falson gibt es eine nette und ziemlich ruhige Cafeteria, in deren Innerem man die historischen Säle besichtigen kann.

55 Der Palazzo Gatto Murina

Die steinernen Muränen

Die Wappen der adligen Familien des europäischen Mittelalters sind pittoreske und manchmal skurrile Hinterlassenschaften einer weit entfernten und romantisierten Epoche. Vor der Ankunft der Johanniterritter auf Malta war die Insel bereits ein wichtiges Zentrum des Mittelmeerraums. Die bedeutenden Malteser Adelsfamilien lebten in Mdina, der befestigten Hauptstadt, die ihre Rolle im 16. Jahrhundert an Valletta verlor.

Flaniert man heute durch die Altstadt, findet man zahlreiche Palazzi der wohlhabenden Adelsgeschlechter, die auf dem Archipel anlangten, um ihr Glück zu machen, und es zu Lehen und Besitzungen brachten. Die Straße Triq Mesquita, die den gleichnamigen Platz mit dem Kloster von St Peter's verbindet, trägt den Namen des portugiesischen Ritters, der die Kavallerie des Ordens während der Großen Belagerung befehligte. Um Schrecken beim Feind zu säen, hatte er die Angewohnheit, jeden Tag einen osmanischen Gefangenen auf den Stadtmauern aufzuhängen.

Nahe der Kreuzung mit der Triq Villegaignon stößt man in der Triq Gatto Murina auf einen Palazzo aus dem frühen 14. Jahrhundert, der mit zwei doppelbogigen Fenstern mit kleinen Säulen im sizilianisch-normannischen Stil verziert ist: Schaut man durch das Tor auf den angrenzenden Innenhof, bemerkt man an der Fassade ein Wappen bestehend aus mehreren, in einer Art Dreieck angeordneten Kugeln und drei Schlangenlinien aus hellem Gestein.

Das Wappen ist das der Familie Gatto Murina, und die Symbole auf der Linken stellen Muränen dar, während die runden Objekte zehn goldene Brotlaibe darstellen, das Zeichen der Gatto. Guglielmo Murina, der von Friedrich III. mit der Kapitänswürde ausgezeichnet worden war, gelangte 1372 nach Malta. Seine Familie pflegte enge Beziehungen mit dem mächtigen Adelsgeschlecht der Gatto. Warum Guglielmo sich wie die gefürchteten Muränen nannte, sagen die Historiker nicht. Vielleicht weil er als rüstiger Krieger an das Wesen dieser giftigen Fische erinnerte …

Adresse Triq Gatto Murina, Mdina, Malta | ÖPNV unweit des Eingangsportals der Zitadelle von Mdina; Ir-Rabat (Bus 50, 51, 52, 53, 56, 109, 181, 182, 186, 201, 202) | Tipp Von der baumbestandenen Pjazza tas-Sur (Bastion Square) kann man auf den Wehrgang der Stadtmauern hinaufsteigen und eine phantastische Aussicht genießen.

56 Il-Madonna tal-Aħrax

Madonna mit Ausblick

Die Aussicht von der nordwestlichsten Spitze der felsigen Halbinsel von Marfa ist atemberaubend. Vom Kap aus hat man die Klippen von St. Paul's Island im Blick, an denen sich der schicksalsschwere Schiffbruch des heiligen Paulus zutrug. Dahinter erkennt man die Strandpromenade von Buġibba und Qawra voll von Hotels, Residences und Pubs. Im Norden wird das Blau des Mittelmeers von großen Kreuzfahrt- und Containerschiffen zerpflügt, während die Halbinsel im Osten steil und steinig zur Küste mit Blick auf Gozo und Comino hin abfällt, mit ihren bei Touristen und Maltesern beliebten Buchten und Stränden.

Der höchste und aussichtsreichste Punkt des Kaps wird von der kleinen Statue der Madonna tal-Aħrax bezeichnet, die auf einem schlichten himmelblauen Sockel thront, der perfekt mit dem Blau des Meeres und des Himmels harmoniert, die die Landschaft beherrschen.

Nahe zum Rand der Klippe errichteten Fischer zu Ehren Mariens, die sie aus einem Unglück errettet hatte, eine kleine Kapelle. Da die Klippe immer stärker erodiert, musste das Kirchlein jüngst getreulich 20 Meter in Richtung sicheres Inland wiederaufgebaut werden. Von hier oben erscheint das Meer weit und unerreichbar.

An den steil abfallenden Klippen nistet zwischen Februar und Juli eine Kolonie seltener Vögel, für die eigens ein Naturreservat errichtet wurde. Etwa 500 Paare des Mittelmeersturmtauchers (*Puffinus yelkouan*) leben hier, die die Seeleute nicht nur gut kennen, weil sie ihren Booten beim Auslegen der Netze folgen, sondern weil ihre spitzen Schreie manchmal dem untröstlichen Weinen eines Neugeborenen ähneln (ein hervorragender Stoff für Seemannsgarn).

Als Freund der Ruhe und der Einsamkeit nistet der Sturmtaucher (vor seiner alljährlichen Migration zum Schwarzen Meer) am liebsten auf Inseln und abgelegenen Küsten wie Tavolara, Montecristo, Capraia, Lampedusa und eben Malta.

Adresse Rdum tal-Madonna, Mellieħa, Malta | **ÖPNV** Qammieh (Bus 41, 42, 101, 221, 222), dann ein Stück zu Fuß | **Tipp** Unweit von der Landzunge liegt Armier Bay, eine kleine Bucht mit einem Strand aus grauem Sand an der zerklüfteten Küste, die auf Comino und Gozo schaut und ein paar Restaurants aufweist.

57_Die Kapelle der Heiligen Jungfrau

Das erste Bildnis von Maria

Der heilige Lukas, mutmaßlicher Verfasser einer der Evangelien und der Apostelgeschichte, gelangte durch Zufall nach Malta. Als Reisegefährte des heiligen Paulus erlitt er um 60 nach Christus auf der Insel Schiffbruch, und sein Wirken in Malta sollte folgenreich sein. Als Schutzpatron der Maler hatte Lukas offenbar ein Händchen für Kunst und soll Urheber der ersten Bildnisse der Maria (die er wohl persönlich kennengelernt hatte) und von Petrus und Paulus gewesen sein.

Die der Heiligen Jungfrau geweihte Kapelle von Mellieħa wurde im ausgehenden 16. Jahrhundert um eine natürliche Grotte herum angelegt und bewahrt eine sehr alte, auf den Fels gemalte Mariendarstellung im byzantinischen Stil mit sizilianischen Einflüssen. Laut einer Chronik aus dem Jahr 409 soll sie vom heiligen Lukas höchstpersönlich gemalt worden sein. Die Kunsthistoriker, die das Ganze naturgemäß etwas nüchterner und skeptischer sehen, datieren das Werk auf die Zeit zwischen 1100 und 1300. Lässt man die historischen Details beiseite, muss man zugeben, dass das ernste Antlitz der Maria, die aus luftiger Höhe des kleinen Altars des Kirchleins mit dem Jesuskind im Arm über das Kommen und Gehen der Gläubigen wacht, schon sehr faszinierend wirkt, auch wenn die Farbenpracht des Freskos im Laufe der Jahrhunderte der Verwitterung nicht ganz standgehalten hat.

Der Ruhm der wundersamen Malerei und die vielen Dankesbezeigungen der Gläubigen, die sich hier zum Gebet versammeln, haben zur sukzessiven Vergrößerung des Heiligtums beigetragen, bis im 18. Jahrhundert die weihevolle Kirche oberhalb der kleinen ursprünglichen Grotte angelegt wurde.

In der Nähe des Eingangs zur kleinen Kirche genießt man von der Balustrade des Platzes, der seit seinem Besuch zu Ehren der Felsen-Maria den Namen von Johannes Paul II. trägt, eine schöne Aussicht auf die nahe Küste von Għadira.

Adresse Triq l-Erwieħ, Mellieħa, Malta | **ÖPNV** Adenau (Bus 41, 42, 101, 221, 222, 250) | **Öffnungszeiten** Winter 8–18 Uhr, Sommer 8–19 Uhr | **Tipp** Der Sitz des hundertjährigen La Vittoria Band Club liegt in der Pjazza tal-Parroċċa und beherbergt ein schönes Restaurant mit Bar.

58_Der Turm von Sant'Agata

Der Turm des traurigen Großmeisters

Mit seiner dominanten Stellung oberhalb der Meerenge von Comino und seiner feuerroten Farbe fällt der Turm von Sant'Agata auf der Halbinsel Marfa sofort ins Auge, wenn man nach Ċirkewwa zur Gozo-Fähre unterwegs ist. Das kleine Fort wurde zwischen 1647 und 1649 im Rahmen der Pläne des Großmeisters Giovanni Paolo Lascaris angelegt und diente zum Schutz gegen Raubzüge und Invasionen. Die Gefahr, die vom Meer ausging, war damals real, wie der groß angelegte und blutige türkische Einfall 1614 belegt. Zusammen mit der Festung, die der sizilianischen Heiligen geweiht ist, wurden verschiedene Verteidigungsbauten angelegt, darunter Ta' Lippija in der Bucht von Ġnejna, der Turm von Għajn Tuffieħa und der von Wied iż-Żurrieq sowie zwei weitere Türme an den Küsten von Gozo.

Die vom Großmeister Lascaris in Auftrag gegebenen Anlagen sind alle noch vorhanden, aber anstatt diesem für den Schutz der Insel zu danken, hatte das maltesische Volk anscheinend nur Ironie und Spott für ihn übrig. Noch heute bezeichnet der Ausdruck *wiċċ laskri* (»Laskri-Gesicht«) eine ruhelose und vor allem traurige Person. Der Grund für dieses scharfe Urteil ist eher kurioser Natur: Anscheinend hatte Lascaris nämlich eine Bekanntmachung erlassen, die es den Frauen nicht nur untersagte, Masken zu tragen, sondern auch an Tänzen in den *Auberges* der Ritter teilzunehmen. Das war nicht alles: Männer durften zwar Kostüme tragen, aber nur, wenn sie nicht den Teufel darstellten! Ritter und Damenwelt protestierten gemeinsam bei den Jesuiten, die sich eingemischt hatten. Aber das ist eine andere Geschichte. Fakt ist, dass der Turm von Sant'Agata heute (dank des gemeinnützigen Vereins Din l-Art Ħelwa) perfekt restauriert wurde und eine kleine Ausstellung beherbergt. Schön ist der Blick von der Terrasse auf die vielen kleinen Festungsanlagen, die in Malta, Gozo und Comino jahrhundertelang über den Schutz der Malteser wachten.

Adresse Triq Tad-Dahar, Hügel von Mellieħa, Malta | **ÖPNV** Qammieh (Bus 41, 42, 101, 221, 222), dann ein Stück zu Fuß | **Öffnungszeiten** Winter Mo–So 10–16 Uhr; Sommer Mo–So 10–17 Uhr | **Tipp** Oberhalb des kleinen Hafens von Mellieħa liegt das Tunnara Museum, in dem die Geschichte des Thunfischfangs in einer alten und kleinen Festungsanlage illustriert wird (geöffnet normalerweise von 10–12 Uhr).

59_Il-Barri

Kaninchen im Topf

Seit seiner Eröffnung sind fast 80 Jahre vergangen, aber heute wie damals heißt die Spezialität dieses Restaurants *fenkata*. Für dieses Gericht benötigt man Geduld und Ruhe, damit Kräuter, Wein und Aromen schön in das Fleisch einziehen und ihm ihren Geschmack verleihen. Hält man durch, ist der Erfolg jedoch immer garantiert, weshalb das *fenek*, das Kaninchen, eines der beliebtesten Gerichte der maltesischen Küche ist.

In der Zeit der Ritter konnte man Kaninchen im flacheren Hügelland und in der Macchia der Inseln jagen. Man geht davon aus, dass die Tiere von den Phöniziern oder Römern nach Malta eingeführt wurden, die sie in der Küche sehr schätzten. Um der drastischen Senkung der Bestände zu begegnen, wurde später ein Edikt erlassen, das den Bürgern die Jagd untersagte und sie nur Adligen gestattete.

Es scheint, als hätte dieses Dekret zum Aufstand des Jahres 1773 gegen den Orden beigetragen. So endeten die restlichen Kaninchen dennoch im Kochtopf, und heute müssen die Malteser Tiere aus Aufzucht importieren.

Für die Zubereitung des *fenek* muss man den Kaninchenbraten zunächst in kleine Stücke schneiden, die dann einige Stunden zusammen mit Knoblauch, Thymian, Salz und Pfeffer in Wein eingelegt werden. Ist das Fleisch gut durchgezogen, lässt man den Wein abtropfen und legt es zusammen mit der Marinade und Kräutern in den Topf. Hin und wieder mit trockenem Weißwein ablöschen, um es zart und feucht zu halten.

Zum fertigen Gericht passen Bratkartoffeln. Dies ist nur eines von vielen leckeren Rezepten. Alternativen sind Kaninchen in Weinsauce oder mit Schweinefleisch, Würsten und Kartoffeln geschmort.

Wenn Sie nach der Lektüre dieses Kapitels ein schlechtes Gewissen haben, beruhigt es Sie vielleicht, dass man im Naturreservat von Għadira, wo die Jagd seit 1980 verboten ist, putzmunteren Kaninchen begegnet, deren Zahl ständig steigt.

Adresse Triq Il-Kbira, Mġarr, Malta | ÖPNV Mġarr (Bus 44, 238); Ċirkewwa (Bus 101) | Öffnungszeiten Mo 13–24 Uhr, Di–So 9–24 Uhr, Tel. 21573235, www.il-barri.com.mt | Tipp An den Ausläufern der Bucht von Ġnejna, unweit von Mġarr, liegt der Turm Ta' Lippija, eine der ersten Befestigungen nach den Plänen des Großmeisters Lascaris.

60__Der Luftschutzbunker

Restaurant mit Zugang zur Unterwelt

Mit Ausbruch des Zweiten Weltkriegs dämmerte es allen Bewohnern Maltas, dass der Archipel in den Mittelpunkt des See- und Luftkriegs rücken würde. Insbesondere die Nähe zu Sizilien machte die Insel zum Ziel von Bombardierungen durch die dort stationierten Flugzeuge der Achse.

Man begann daher, gewissenhaft Luftschutzbunker in den Kalksteinfelsen auszuheben, um der Bevölkerung bei Angriffen sicheren Schutz zu bieten.

Unter dem Ort von Mġarr erstreckte sich ein dichtes Bunkernetz mit großen Räumen, die aus Sicherheitsgründen eine Reihe unterschiedlicher Ausgänge zur Oberfläche aufwiesen. Einer dieser Ausgänge hat sich im Keller des Restaurants il-Barri konserviert (das im Übrigen für seine traditionelle Küche, insbesondere für die *fenkata*, bekannt ist, ein Kaninchengericht, siehe Ort 59).

Die von den Bewohnern damals in Eigenregie angelegten Tunnel sind circa 250 Meter lang, erreichen eine Tiefe von zwölf Metern unter dem Meeresspiegel und lassen sich mit einem kundigen, erfahrenen Führer besichtigen. Nach einigen kurzen und kratzenden Schwarz-Weiß-Dokumentarfilmen der BBC zur Belagerung von Malta beginnen wir schließlich mit dem Abstieg in die Unterwelt.

Die Bunker wurden dankenswerterweise von den Eigentümern des Lokals restauriert und beleuchtet und weisen noch Teile ihrer Originalausstattung auf: Einige Räume waren als Feldkrankenhaus eingerichtet, die Ecke eines Flurs diente als Kapelle, und eine kleine Kammer war als Schule für die Kinder ausgelegt, die hier lange Zeit ausharren mussten.

Viele der kleinen Zimmer wurden mit den wenigen Alltagsgegenständen der Zeit eingerichtet, um den Besuchern einen Eindruck von diesen unterirdischen »Wohnungen« und dem Leben der Familien zu geben, die hier die dunkelsten Monate des Krieges verbrachten.

Adresse Triq Il-Kbira, Mġarr, Malta | ÖPNV Mġarr (Bus 44, 238, 101) | Öffnungszeiten Mo 13–24 Uhr, Di–So 9–24 Uhr (Besichtigungen der Bunker von Dienstag bis Sonntag), Tel. 21573235; www.il-barri.com.mt | Tipp Die sogenannte Egg Church von Mġarr wurde in den 30er Jahren von den Gläubigen des Ortes selbst finanziert und verdankt ihren Spitznamen der Form der Kuppel.

61 Der Tempel von Skorba

Das älteste Dorf

Riesenhafte Tempel, bestehend aus Megalithen in beeindruckender Größe, die als Umfassungsmauern oder monumentale Fensterstürze dienten. Gigantische Zentren eines Kultes, von dem wir heute noch nicht die Einzelheiten und Riten kennen.

Der Maltesische Archipel ist unzweifelhaft eine der Wiegen der antiken Mittelmeerkultur, und seine Tempel – viele von ihnen integraler Bestandteil des UNESCO-Weltkulturerbes – liegen in den Landschaften Maltas und Gozos verteilt. Was aber bei den Ausgrabungsarbeiten des 19. Jahrhunderts nie gefunden wurde, waren Alltagsgegenstände der Menschen, die diese Zeugnisse hinterlassen haben. Einige Funde in den 60er Jahren haben diese Lücke teilweise schließen können.

Vom Zentrum von Mġarr um die Kirche der Mariä Himmelfahrt bringt uns eine 20-minütige Wanderung über die Triq Fisher und die Triq iż-Żebbiegħ zum archäologischen Gebiet der Tempel von Skorba, Megalithbauten mit den für sie typischen Merkmalen (wie die Graffiti und die von winzigen künstlichen Löchern gezierten Steine), die auf verschiedene Epochen zwischen 3600 und 2500 vor Christus zurückgehen. Zur großen Überraschung der Archäologen stieß man im Verlauf der Arbeiten im Grabungsaushub neben den Bauten auf die Fundamente von Gebäuden, die mit Hilfe der Radiokarbonmethode auf 4850 vor Christus datiert wurden und damit die ältesten Behausungen der Insel sind, die der Gründung der ersten Tempel deutlich vorausgehen.

In den Halden entlang der Mauern wurden Reste von karbonisiertem Holz und Getreide, Feuersteine und Fragmente von Obsidianklingen von den fernen Äolischen Inseln gefunden. Spuren eines Dorflebens über zwölf Jahrhunderte, das vermutlich von den Ahnen der großen Architekten bewohnt wurde, die die Tempel des antiken Skorba angelegt haben.

Adresse Triq L-Imqades, Mġarr, Malta | ÖPNV Saqwi (Bus 44, 238, 101) | Öffnungszeiten Di, Do, Sa 9–16.30 Uhr. Achtung: Die Tickets müssen im Büro der Stadtgemeinde am zentralen Platz von Mġarr erworben werden, www.heritagemalta.org. | Tipp Zwischen den Häusern von Mġarr liegen die Reste des Tempels von Ta' Ħaġrat aus dem vierten Jahrtausend vor Christus, die man mit demselben Ticket (und denselben Öffnungszeiten) für Skorba besichtigen kann.

62__Die Rotunda

Die Kuppel der Bombe

Wer im Inland von Malta unterwegs ist, der hat die imposante ockerfarbene Kuppel der Pfarrkirche der Mariä Himmelfahrt von Mosta sicherlich mehr als einmal aus der Ferne bestaunen können, die alle unter dem Namen »Rotunda« kennen.

Der Bau geht auf Pläne des Architekten Giorgio Grognet de Vassé zurück, der sich an einem der Meisterwerke der antiken Architektur orientierte: dem römischen Pantheon. So weist die Kuppel eine flachere Form als ihre höheren und schlankeren Gegenstücke des Petersdoms in Rom oder der florentinischen Kathedrale Santa Maria del Fiore auf und wurde mittels konzentrischer Kreise aus Kragsteinen angelegt, ein bisschen so, als würde man ein Iglu bauen.

In den Chroniken lesen wir, dass die Kirchenobrigkeit die Rotunda damals aufgrund dieser Verweise auf die heidnische Vergangenheit oder vielleicht auch wegen ihrer Ähnlichkeit mit einer Moschee nicht sehr schätzte. Fakt ist aber, dass ihr Bau von den Gemeindemitgliedern großzügig finanziert wurde, die auch als Bauarbeiter mitwirkten. Die Arbeiten begannen 1833 und wurden erst 27 Jahre später zum Abschluss gebracht.

Auch wenn die Kuppel etwas kleiner ist als die Konkurrenz (der Innendurchmesser beträgt 39,62 Meter gegenüber den 41,47 Metern des Petersdoms und den 42,05 Metern von Santa Maria del Fiore sowie den 43,40 Metern des römischen Pantheons), so ist ihre Wirkung dennoch spektakulär, vor allem für Fotografen, auch weil die Rotunda an ihrem höchsten Punkt über 60 Meter hoch ist und die geometrische Verzierung in ihrem Inneren sehr faszinierende Effekte hervorbringt. In der Sakristei lässt sich neben einem Bild der Seeschlacht von Lepanto und einem Gemälde des Schiffbruchs des heiligen Paulus ein denkwürdiges Monument bestehend aus einer Bombe und einem Gedenkstein bewundern. Dieses Ensemble wurde in Erinnerung an den 9. April 1942 aufgestellt, als eine deutsche Fliegerbombe die Kuppel durch schlug (genau oberhalb des Wortes *Assunta* auf dem Tambour) und zwischen die entsetzten Gläubigen fiel, zum Glück ohne zu explodieren.

Adresse Triq Il-Kbira, Mosta, Malta | ÖPNV Rotunda (Bus 31, 41, 45, 48, 238, 260, 186, 203, 31, 42, 48) | Öffnungszeiten täglich 9.15–11.30 und 15–17 Uhr | Tipp Rechts vom Kirchplatz laden die Tische des Baroque 13 (Tel. 27440707) zu Erfrischung, Schatten, Snacks und gutem Kaffee ein.

63__Der Palazzo Parisio

Wie in Versailles

Offenbar war die adlige, mit dem portugiesischen Königshaus verwandte Familie de Vilhena bei den Maltesern nicht sonderlich beliebt, bis António Manoel de Vilhena, der von 1722 bis 1736 das Amt des Großmeisters innehatte, mit einem Faible für Großprojekte das Herz der Bevölkerung gewann: So entstanden das Tor von Mdina, die Banca Giuratale in Gozo und weitere wohltätige und kulturelle Einrichtungen (wie das Teatro Manoel von Valletta, das seinen Namen trägt, siehe Ort 105). Die Bautätigkeit auf der Insel unter der Regierung de Vilhenas konnte sich sehen lassen. Ihm verdanken wir das Projekt der Stadt Floriana, eines Vororts von Valletta, um diese von der Überbevölkerung zu entlasten, sowie den Bau der Festung in der Bucht von Marsamxett (die heute noch Fort Manoel heißt).

Zu den von ihm gegründeten Palästen und Villen gehört auch der Palazzo Parisio im Ort Naxxar, der 1898 vom Marchese Giuseppe Scicluna, einem Bankier von großem Ruf, erworben und von ihm restauriert, vergrößert und noch herrschaftlicher gestaltet wurde.

Neben dem Palazzo mit Bibliothek, Billardraum, Musiksaal und seinen repräsentativen Räumen, die für Feste und Bankette genutzt werden und auch ein Restaurant beinhalten, ist der Bau auch für seinen Garten berühmt, in dem sich die bemerkenswerte Orangerie aus dem Jahr 1733 von de Vilhena befindet (heute beherbergt sie allerdings tropische Pflanzen). Der Park zerfällt in zwei unterschiedliche Teile: Nahe zum Gebäude liegt der Italienische Garten mit seiner Geometrie rechteckiger Beete voller blühender Pflanzen, wo häufig die Tische für Empfänge aufgestellt werden. Tritt man durch den monumentalen Bogen, befindet man sich im wilderen Teil des Parks, mit seinen vielen Baumarten und exotischen Kräutern, die vermischt in den Beeten und an den Rändern des zentralen Brunnens wachsen.

Wie so häufig auf Malta liegt auch dieser verwunschene und lauschige Park wenige Meter von den engen und befahrenen Straßen entfernt. Vom lärmigen Treiben draußen trennt ihn nur eine hohe ockerfarbene Mauer.

Adresse Victory Square 29, Naxxar, Malta | ÖPNV Naxxar (Bus 31, 46, 49, 103, 202) | Öffnungszeiten Gärten: täglich 9–19 Uhr; Restaurant: zu Frühstück, Mittag- und Abendessen bis spät geöffnet, www.palazzoparisio.com | Tipp Genau neben dem Eingangsportal des Palazzo liegt die Kirche von Naxxar, wo ein Fresko von Christi Geburt aus der Schule von Mattia Preti aufbewahrt wird.

64_Hypogäum von Ħal Saflieni

Unterirdisches Mysterium

Im Jahr 1902 stoßen Arbeiter bei Grabungsarbeiten zu einem Brunnen für ein neues Haus in der Gegend von Paola plötzlich in einen kolossalen, über Jahrhunderte abgeschlossenen Hohlraum vor. Aus den Kammern einer unterirdischen Grabanlage, eines Hypogäums, starren sie unzählige Schädel an. Von der Angst gepackt, stürmen die Arbeiter davon und melden den Behörden erst ein Jahr später ihren außerordentlichen Fund.

Nach und nach fördern die Studien am unterirdischen Monument zutage, dass das Hypogäum aus unterschiedlichen Ebenen besteht: Ist die oberste Schicht noch grob und unbehauen in den Stein gemeißelt, betritt man in den unteren Geschossen ein Meisterwerk der prähistorischen Architektur.

Forschungen haben ergeben, dass zwischen 4000 und 2500 vor Christus Unmengen von Steinmetzen eine Reihe von Kammern anlegten, die getreulich die Architekturen auf der Oberfläche nachahmten: Pfeiler, Mauerstreben, von zarter, ockerfarbener Malerei gezierte Gewölbe (die Farbe stammte vermutlich aus Sizilien) und Fensterstürze, die sich vom Fels abheben. Oberhalb einer Nische, die Stimmen zu einem Echo anschwellen lässt, erstreckt sich die Skulptur eines Lebensbaumes. Man glaubte daher, dass hier ein Orakel in der Dunkelheit seinen Gläubigen Rat erteilte.

Weiter unten imitiert die Gestaltung der Wände perfekt die mutmaßliche Form der großen maltesischen Tempel, von denen heute nur noch einige Mauerreste übrig geblieben sind. Die Details zur Geschichte und zum Bau des Hypogäums von Ħal Saflieni, die uns die Guides nicht vorenthalten, erzeugen Staunen und Unbehagen:

Diese unterirdischen Räume wurden mit rudimentären Werkzeugen über einen Zeitraum von mehreren Jahrzehnten ausgehoben. All dies, um eine Grabstätte (etwa 7.000 Skelette sind erhalten) ins Leben zu rufen, die den Besucher gemahnt, dass er sich an einem der heiligsten Orte der Insel und des gesamten antiken Mittemeerraums aufhält und Respekt und Schweigen bei seinem Besuch walten lassen sollte.

Adresse Triq Iċ-Ċimiterju, Raħal l-Ġdid, Paola, Malta | **ÖPNV** Ipogew (Bus 81, 82, 84, 85, 88, 206). Zum Schutz der empfindlichen Binnenatmosphäre dürfen nur zehn Besucher gleichzeitig eintreten. Buchen Sie daher rechtzeitig auf der Webseite: www.heritagemalta.org/museums-sites/hal-saflieni-hypogeum. | **Öffnungszeiten** täglich 9–17 Uhr | **Tipp** Wer die Vorgeschichte Maltas vertiefen möchte, kann in geringer Entfernung vom Hypogäum eine Besichtigung der Tempel von Tarxien unternehmen (Öffnungszeiten 9–17 Uhr, www.heritagemalta.org/museums-sites/tarxien-temples).

65__Elvis Tribute Bar & Diner

Ein Prosit auf Presley

1955 veröffentlichte Carl Perkins die Single »Blue Suede Shoes«. 1956 nahm Elvis Presley den Song auf seiner ersten LP, »Elvis Presley«, auf, die in kürzester Zeit die Charts in den USA und Großbritannien stürmte und die Ära des Rock 'n' Roll einläutete. Ein tiefer Graben spaltete die Welt von damals in eine junge Generation aus Millionen von Teenagern, die den Sänger und seine Musik anhimmelten, und ebenso vielen besorgten Eltern, die Elvis Presley als schlechtes Vorbild verteufelten, noch dazu der in seinen Liedern völlig unverständliches Kauderwelsch sang: *»You can burn my house, Steal my car, Drink my liquor from an old fruit jar, Do anything that you want to do…«*, gurgelte Elvis, der seinen Fans alles gestattete, außer sich seinen neuen und strahlenden Schuhen aus blauem Wildleder zu nähern. Mütter wurden blass vor Sorge, während ihre Kinder das Tanzbein schwangen.

Bei einem Spaziergang durch Qawra kann man zwischen Touristenlokalen (unsere Straße heißt nicht umsonst Triq it-Turisti), dubiosen Pizzerien und »very british« Pubs urplötzlich auf Elvis höchstselbst treffen, der gerade mit Schlaghosen, frisch gegelter Bananentolle und Jacke mit eingestickten Pailletten aus seinem Wagen gestiegen ist. Keine Angst, es handelt sich nicht um das Original, sondern um einen der talentierten Elvis-Darsteller, wie sie häufig in den zwei kleinen Sälen der Elvis Tribute Bar auftreten, wo maltesische Snacks gereicht werden, Disco-Lichter aus den 80ern flackern und aus der Zeit gefallene, spektakuläre Klamotten das Bild prägen.

Die Wände des Lokals sind mit Postern, Fotos, Albumcovern, T-Shirts, Fahnen und weiteren Abarten von Presley-Andenken tapeziert. Neben den verschiedenen Elvis-Klonen treten auch andere Musiker auf der Bühne auf, die aber eisern nur Country oder Rockabilly spielen. Das Spektakel findet riesigen Zuspruch, eine Reservierung ist daher Pflicht.

Adresse Triq it-Turisti (Tourist Street), Qawra, Malta, Tel. 99249727; www.facebook.com/elvistributebar | **ÖPNV** Buġibba (Bus 31, 45, 48, 223, 280) | **Öffnungszeiten** täglich 18–1 Uhr, mit Konzerten verschiedener, auf Country- oder die Musik von Elvis spezialisierter Künstler, Reservierung notwendig | **Tipp** In 400 Meter Entfernung liegt eine ziemlich ungewöhnliche (um nicht zu sagen merkwürdige) Location: Im Dolmen Resort (Triq id-Dolmen) wird der um 2500 vor Christus erbaute Tempel von Buġibba ausgestellt.

66__Das Malta National Aquarium

Alle Fische der Inseln

Hotels, Lokale, Pubs und Schwimmbecken. Gegen Abend füllt sich die Strandpromenade von Qawra, Buġibba und der gesamten Saint Paul's Bay mit schlendernden Touristen und Urlaubern, die sich zwischen einem letzten Bad, einem Drink oder einem Club für die Nacht entscheiden können. Inmitten dieses glitzernden Angebots an Vergnügungen und Kalorien gibt es als Alternative das Malta National Aquarium, unweit des berühmten Café del Mar und seiner Pools mit Meerblick und Lounge-Musik. Das Aquarium ist in wenigen Jahren zu einem interessanten Ausflugsziel geworden. Seine Attraktionen erschöpfen sich nicht in den großen Becken, in denen die Vertreter der heimischen Mittelmeerfauna gemächlich umherschwimmen, oder in den kleinen Becken mit den exotischeren Exemplaren der Inselküsten.

Denn das Aquarium wurde eindeutig mit Blick auf die kleinsten Besucher konzipiert, die schließlich auch den wissbegierigsten Teil des Publikums ausmachen. Dazu gibt es eine Cafeteria und einen Bookshop voller bunter Bücher über das Meer und seine Bewohner.

Neben den Führungen für Kinder bietet eine Reihe von Informationsveranstaltungen die Möglichkeit, die Besonderheiten und Gewohnheiten der Haie, Kraken und der winzigen Bewohner der Korallenriffe kennenzulernen, die in den 41 Becken zu bewundern sind.

Im Aquarium sollen die Merkmale der verschiedenen Habitate der Tiere eindrücklich gezeigt werden: die tropischen Ozeane von Indien bis zum Pazifik, die Westküste von Malta, der Grand Harbour von Valletta, Gozo, Comino und die antiken Meeresgründe, mit Nachbauten gesunkener Schiffe. Auch ein Anker wird gezeigt, der der Legende zufolge Teil der Ausrüstung des Schiffs gewesen sein soll, auf dem der heilige Paulus die Insel Malta mit mehr Not als Müh erreichte.

Wenn Ihnen all dies noch nicht ausreicht, dann begeben Sie sich doch in die Abteilung der Reptilien und Gliederfüßer, in der so grausige wie giftige mexikanische Frösche und haarige Taranteln auf Sie warten.

Adresse Triq it-Trunciera, Qawra, Malta | **ÖPNV** Ben (Bus 31, 45, 48, 186, 212, 221) | **Öffnungszeiten** täglich 10–18 Uhr, www.aquarium.com.mt | **Tipp** Wenige Meter vom nahen Turm von Qawra entfernt liegt ein natürliches Meerwasserbecken, in dem man vor Wind und Strömungen geschützt entspannt schwimmen kann.

67_Ftira maltija

Ein reichhaltig belegtes Brot

Wer zum ersten Mal in Malta ist, den kann das Wort *ftira* in große Verwirrung stürzen, das in Malta und Gozo sowohl »normales« Brot als auch eine Art Pizza mit vielen verschiedenen Zutaten bezeichnet.

Aber immer schön der Reihe nach. Brot heißt auf Malta *ħobż*. Es ist ein helles Brot mit viel Krume und Kruste, das oft mit selbst gemahlenem Mehl hergestellt wird, mit Sesamkörnern belegt sein kann und als kleine längliche Brötchen oder Laibe in verschiedener Form verkauft wird. Wenn früher das wenige auf den Inseln hergestellte und in den Getreidespeichern aufbewahrte Weizenmehl zur Neige ging, behalf man sich häufig mit Dinkel- oder Roggenmehl. Generell essen Malteser große Mengen an Brot (was man auch in den Restaurants sieht, wo es nie fehlt und im Preis inbegriffen ist), das normalerweise nicht nach Gewicht, sondern pro Stück verkauft wird.

Kauft man Brot in Bäckereien, so ist die *ftira* dagegen ein besonderes Brot: Flach und ungesäuert wird es oft in derselben Funktion wie die Pizza in Italien verwendet (belegt mit Tomaten, Kartoffeln, Zwiebeln, Käse …).

Nun wird es aber verwirrend, denn der Name *ftira maltija* (also maltesische *ftira*) bezeichnet auf Gozo genau diese Art Ofenpizza, während man in Malta darunter nur ein normales Brot – in Form großer Kringel – versteht, das mit allen nur möglichen mediterranen Köstlichkeiten belegt wird.

So findet man es in Rabat in Hälften geschnitten und rekordverdächtig belegt mit Thunfisch, Kapern, Oliven, Zwiebeln, in Essig eingelegtem Gemüse und ein paar Salatblättern, um dem Ganzen noch ein wenig Farbe zu verleihen.

Ein üppiger Snack, den man am besten auf einem Teller mit Messer und Gabel zu sich nimmt, damit die Füllung an ihren Bestimmungsort und nicht auf den Boden gelangt. Der Geschmack ist dafür umso atemberaubender und erinnert ein bisschen an Bruschette mit Tomaten und Olivenöl, die ebenfalls eine heimische Spezialität sind.

Adresse Qormi, Malta | Tipp Das Brot von Qormi ist das bekannteste der Insel, sodass der Ort seit circa zehn Jahren zwischen September und Oktober das Fest des Brotes ausrichtet (Lejl f'Casal Fornaro, für Informationen: www.casalfornaro.com).

68__Der Tempel von Mnajdra

Sonnenbetrachter aus der grauen Vorzeit

Die erhabenen prähistorischen Tempel Maltas zu deuten und die Funktionen ihrer Bauten zu enträtseln, ist keine leichte Angelegenheit. Häufig müssen die Archäologen, die an mehr als 5.000 Jahre alten Stätten arbeiten (also einige Jahrhunderte vor der Cheops-Pyramide), auf Interpretationen zurückgreifen, die zwar von Parallelen mit anderen Stätten und ähnlichen Funden gestützt werden, aber nur selten sicher belegt werden können.

Überdacht von einer hellen Zeltstruktur, die die uralten Steine bestmöglich konserviert, liegt der Tempelkomplex von Mnajdra wenige Gehminuten von den Megalithen der Kultstätte Ħaġar Qim und unweit der Südküste Maltas entfernt. Die Stätte schließt drei unterschiedliche Tempel ein, die in einer Art Halbkreis angeordnet sind: Der mittlere besitzt einen regelmäßigeren Grundriss, der rechte ist der älteste und am schlechtesten erhaltene, während der zur Linken – der Südtempel – der komplexeste ist.

Das Innenportal des mittleren Tempels schmückt mit seinem fast perfekt erhaltenen Architrav die Ein-, Zwei- und Fünf-Cent-Münzen der Republik Malta. Der in verschiedene Räume aufgeteilte Südtempel hat über Tausende von Jahren viele kleine Terrakotta-Statuen bewahrt (die heute in den Vitrinen des Archäologischen Nationalmuseums von Valletta gezeigt werden), die Menschen mit körperlichen Gebrechen darstellen: Diese Figuren haben an eine Art Kult in Verbindung mit Gottheiten denken lassen, die Heilung oder Wunder spenden konnten.

Aber die faszinierendste Theorie zu diesem Bau lautet, dass er als riesige, ziemlich ausgefeilte Sonnenwarte diente, mit der Sonnenwenden und Tagundnachtgleichen mit hoher Genauigkeit berechnet werden konnten und die somit vielleicht eine Art Ur-Kalender begründete.

Zu dieser Annahme gelangten die Forscher durch die nahezu perfekte Ausrichtung seines Eingangs und der Neigung der Eingangsmauer auf der Ost-West-Achse, deren Enden mit der Stellung der Sonne bei zwei Sonnenwenden übereinstimmen.

Adresse Triq Ħaġar Qim, Qrendi, Malta | ÖPNV Haġar (Bus 74 und 201) | Öffnungszeiten Sommer 9–18 Uhr, Winter 9–17 Uhr, Kombiticket auch für den Tempel von Ħaġar Qim und das Museum | Tipp Eine befahrbare Straße führt hinunter zum Meer in das kleine Fischerdorf Għar Lapsi, wo es sich zwischen Felsen gut baden und schnorcheln lässt.

69__Bottegin Palazzo Xara

Die Billardmeister

Ein trockenes Klacken bezeichnet den Stoß der Kugel, gefolgt vom zustimmenden Gemurmel der Spieler, die von Nahem kontrollieren, was auf der grünen Billardfläche vor sich geht. Unter den Gewölben des Palazzo Xara herrscht ein geschäftiges Stimmengewirr aus Bistrobesuchern an den Tischen, den Kartenspielern im Hintergrund und den Fernsehern, die ein Fußballmatch übertragen.

Halb Lokal, halb Monument, ist der Bottegin Palazzo Xara nicht nur ein Bistro. Man muss sich nur umschauen, um Vitrinen mit Gedenktafeln und Erinnerungen der Tätigkeit der Musikkapelle rundherum zu erblicken, die in diesen Sälen ihren Sitz hat. Der L'Isle Adam Band Club, offiziell um 1860 von Indri Borg gegründet, ist eine der bekanntesten und beliebtesten Maltas, und ihre Musiker hatten die Ehre, auf vielen besonderen Anlässen zu spielen, etwa beim Gipfeltreffen zwischen Gorbatschow und Bush im Jahr 1989 oder beim Besuch von Papst Johannes Paul II. in Malta im darauffolgenden Jahr.

Aufgrund der Gläubigkeit der Bandmitglieder wurde die Kapelle ursprünglich nach dem heiligen Josef benannt, später wurde beschlossen, sich den Namen des Großmeisters Gerard Villiers de l'Isle-Adam zu geben, der dem Ehemann der Maria besonders ergeben war.

Als zünftige Repräsentantin der langen Tradition maltesischer Musikkapellen, denen eine wichtige Rolle im sozialen und religiösen Leben der Dörfer und Städte auf Malta und Gozo zukommt, ist auch der Sitz der Band ein hervorragender Ort für eine Mahlzeit oder einen Snack, um in den großen Festsaal zu spähen oder in der schönen Jahreszeit in einem kleinen Garten hinter dem Palast einzukehren.

Wenn Sie nicht wissen, was Sie auf der Speisekarte wählen sollen, versuchen Sie das Gericht Il-Każin Mal-Ħbieb, Vorspeisen und gemischte Appetitmacher, dessen Name wörtlich übersetzt mehr oder weniger »im Club mit Freunden« bedeutet und mit dem man den Abend stimmungsvoll einläutet. Um ihn abzuschließen, gibt es dagegen nichts Besseres als eine Partie Billard gegen die sympathischen und rüstigen Alten des L'Isle Adam Band Club.

Adresse Triq San Pawl, Rabat, Malta | ÖPNV Ir-Rabat (Bus 50, 51, 52, 53, 56, 109, 182, 186, 201, 202), unweit vom Zugangsportal der Zitadelle von Mdina | Öffnungszeiten täglich Di–Do, So 9–24 Uhr, Mo und Fr 11–24 Uhr, www.bottegin.com.mt | Tipp In derselben Straße kann man unter Hausnummer 46, 100 Meter vom Palazzo Xara gelegen, die Casa Bernard besichtigen, ein perfekt restauriertes Anwesen aus dem 16. Jahrhundert (jeden Tag, außer Sonntag 10–16 Uhr).

70_Der Crystal Palace

Verrückt nach pastizzi

Bei Nacht herrscht fast immer Festbeleuchtung im Crystal Palace. Früher stärkten sich hier englische Soldaten mit Snacks und konnten etwas ausspannen, später bestand die Kundschaft hauptsächlich aus Bauern, die vor dem Morgengrauen in Rabat ankamen, um ihr Obst und Gemüse zu verkaufen. Heute bleibt der Crystal Palace immer noch fast die ganze Nacht geöffnet, aber da die englischen Truppen abgezogen sind und der Gemüsemarkt nach Ta' Qali umgezogen ist, werden nun vergnügungslustige Touristen und Studenten sowie die wenigen Taxifahrer versorgt, die am Platz vor dem Stadttor von Mdina parken. In den ersten Morgenstunden beginnen sich an seinen Tischen Arbeiter und Angestellte auf dem Weg zur Arbeit sowie fromme Frauen einzustellen, die zur Morgenmesse unterwegs sind. An Feiertagen wächst die Schlange der andächtig wartenden Kunden oft bis auf den Bürgersteig vor den Türen an.

Alle warten, eingehüllt im verheißungsvollen Duft, dass die *pastizzi* (drei Stück für weniger als einen Euro) endlich den Ofen verlassen, was zum Glück für alle konstant und regelmäßig geschieht. Die Füllung des beliebtesten Salzgebäcks der Malteser kann variieren: Die traditionellen Rezepte verwenden Ricotta (*irkotta*) oder Erbsen (*pizelli*). Unbedingt probieren sollten Sie hier auch die *qassatat*, größer als die *pastizzi*, die mit Anchovis (*incova*), Erbsen, Ricotta oder Spinat gefüllt sein können. Dazu passt ein Bier oder ein alkoholfreies Kinnie, egal, ob man es eilig hat oder sich niederlässt, um das Kommen und Gehen des Verkehrs am geschäftigsten Platz Rabats zu beobachten.

Nur einen Steinwurf von den Mosaiken der römischen Villa (siehe Ort 72) und den Stadtmauern von Mdina entfernt, kann das kleine Lokal mit seinem gerühmten Ofen auf etwa ein Jahrhundert Geschichte zurückblicken. Sein offizieller Name lautet is-Serkin, »die Kalesche«. Der aktuelle Betreiber hat das Lokal in eine etwas gehobenere Bodega verwandelt: innen unspektakulär schlicht, ein paar Tische im Freien, begrenztes Angebot, aber sehr günstige Preise und eine Qualität, die in Malta ihresgleichen sucht.

Adresse Triq San Pawl, Rabat, Malta | **ÖPNV** Ir-Rabat (Bus 50, 51, 52, 53, 56, 109, 181, 182, 186, 201, 202) | **Öffnungszeiten** Mo–Do 6–24 Uhr; Fr, Sa und So immer geöffnet | **Tipp** Das Peristyle Restaurant (Museum Esplanade) am Platz neben dem Museum bietet typische maltesische Gerichte mit hervorragendem Preis-Leistungs-Verhältnis.

71__Falzon Bakery

Jederzeit frisch aus dem Ofen

Ftira maltija, knusprige Pizzen aller Art, Brot mit Sesamgeschmack, Brötchen mit Olivenöl und Milch, Gebäck, massiver dunkler Bread Pudding, zarter Apfelkuchen und Teebiskuits. Jeden Tag, Stunde um Stunde, bis zu den ersten Lichtstrahlen der aufgehenden Sonne scheint der große Holzofen der Falzon Bakery mit den Bäckern und Laufburschen, die ständig Teig kneten, Temperaturen und Backzeiten kontrollieren, nie stillzustehen.

Das nur ein paar Meter von der Kirche von San Pawl entfernte Lokal ist klein und schlicht, aber wenn Sie höflich fragen, können Sie einen Blick ins Hinterzimmer werfen, wo die mit Mehl und Düften angereicherte Atmosphäre in der lauwarmen Luft Sie schwindeln machen wird. Denn hier wird neben der großen Menge Brot zur Versorgung der Haushalte und Restaurants von Rabat auch sehr raffiniertes und traditionelles Gebäck hergestellt.

Ein Beispiel? Die in der Fastenzeit beliebten und außerordentlich leckeren *sfineġ* mit Anchovis, die an einige Rezepte der neapolitanischen Küche erinnern. Es sind kleine Bällchen aus Brotteig, die mit dem Fisch gewürzt und dann goldgelb und knusprig gebraten werden.

Diese Appetithappen werden zu allen Feiertagen unabhängig von der Jahreszeit und dem Festtagskalender über das ganze Jahr zubereitet.

Manchmal geht allerdings die unbegrenzte Phantasie mit den Bäckern und Konditoren durch, sodass mit Erzeugnissen experimentiert wird, die nichts für den zarten Gaumen sind (wie etwa die Pizza mit Hühnchen mit BBQ-Sauce oder die mit Rindfleisch, Sesam und Kartoffeln gefüllte Pizza). Aber jeder Besuch in der Bakery kann leckere und interessante Überraschungen zutage fördern.

Angesichts der geringen Größe des Lokals kann natürlich jede der Spezialitäten der Falzon Bakery zum Mitnehmen eingepackt werden und in aller Ruhe in einer nahen Bar oder auf den Bänken eines Parks verzehrt werden.

Adresse Triq il Kuleġġ, Rabat, Malta | **ÖPNV** Repubblika (Bus 308, 309, 310, 311, 312) | **Öffnungszeiten** immer geöffnet | **Tipp** Wenn es Ihnen Bäckereien (und frisch gebackenes Brot) angetan haben, dann schauen Sie auch mal bei Emmanuel's Baker in der Triq il-Mitħna in Qormi vorbei.

72 Die heilige Agathe

Die Muse der Maler von Rabat

Ihr roter Schleier hat die Lava und die Eruptionen des Ätna aufgehalten, ihre Willenskraft und ihr Glauben haben sie den Versuchungen der Kurtisane Aphrodisia widerstehen lassen, der Quintianus, der Prokonsul von Catania (glühend verliebt), das junge Mädchen anvertraut hatte, um sie zu verführen. Der maltesischen Legende zufolge beschloss die heilige Agathe, ihre Heimat Sizilien zu verlassen. Wir wissen zwar, dass sie unter der Christenverfolgung des Kaisers Decius von ihrem Glauben nicht abschwor, aber es ist unklar, wann ihre Flucht nach Malta erfolgte (sie wurde 235 nach Christus geboren). Klar ist jedoch, dass ihre Anwesenheit auf der Insel Spuren hinterließ, sodass Agathe heute zu den Inselheiligen gehört.

Der jungen Sizilianerin und dem heiligen Paulus ist der bedeutendste Komplex an frühchristlichen Katakomben und Gräbern auf Malta geweiht, der in Rabat an den Ausläufern der alten Stadt Mdina liegt.

Der kleine Innenhof, über den man zu den unterirdischen Kammern gelangt (und auch zu einem faszinierenden kleinen Museum, siehe Ort 74), öffnet sich vor der Kirche aus dem 17. Jahrhundert, die in ihrer Fassade eine Reihe von weiblichen Votivbildern einschließt, denn Agathe, die einen grausamen Märtyrertod auf der Folter starb, bei der man ihr die Brüste abschnitt, wurde besonders von Frauen angebetet.

Neben den Grabkammern mit ihren Tischen für die rituellen Speisungen und den Nischen für die Gräber lohnen besonders auch die (nicht alle gut erhaltenen) Fresken aus dem 12. bis 15. Jahrhundert einen Besuch, mit denen die Wände des Hypogäums verziert sind und deren Qualität der Ausführung sehr unterschiedlich ist. Die Bilder besitzen häufig einen byzantinischen Einschlag, und ihre Technik verweist eindeutig auf Italien, von wo die Heilige gekommen war.

Nach ihrem Aufenthalt auf Malta beschloss Agathe schließlich, nach Catania zurückzukehren, wo sie 251 den Märtyrertod starb. Sie hinterließ aber ihre Erinnerung, Inspirationsquelle für die Maler von Rabat, die sie oft mit den Symbolen ihres Martyriums in Händen abgebildet haben.

Adresse Rabat, Malta, Tel. 2145 4503 | ÖPNV Rebħa (Bus 50) | Öffnungszeiten Mo–Fr 10–18 Uhr, Sa 9–14 Uhr, So geschlossen | Tipp In derselben Straße, unweit von den Katakomben der heiligen Agatha, liegen die dem heiligen Paulus geweihten Katakomben mit Räumen, die jenen der Domus Romana nachempfunden sind (www.heritagemalta.org/museums-sites/st-pauls-catacombs).

73__Das Kloster des heiligen Dominikus

Der Garten von »Game of Thrones«

Auf den verwickelten und häufig düsteren Begebenheiten der Romanbände »Das Lied von Feuer und Eis« von George R. R. Martin basiert die weltweite Kultserie »Game of Thrones«, in der viele Locations in maltesischen Landschaften, Städten und Monumenten angesiedelt sind.

So bot das leider verschwundene Azure Window die Kulisse für die Heirat von Daenerys Targaryen, andere Szenen wurden im Fort Manoel oder vor dem Stadttor von Mdina gedreht, während das grandiose Portal von Fort Ricasoli zum Königstor wurde. Auch der friedliche und malerische Garten des Klosters von San Duminku konnte sich telegenen Ruhms und medienwirksamer Aufmerksamkeit erfreuen.

In einer spannungsreichen Stille wird der verwunschene Garten des Klosters zum Garten der Roten Festung von Königsmund, wo sich die schicksalsschwere Begegnung zwischen der blonden Cersei, der Königin der Sieben Königreiche, und dem unglücklichen Lord von Winterfell Ned Stark, dem Ersten Ritter des Königs, zuträgt, die den todbringenden Krieg zwischen den Häusern besiegelt (in Folge sieben der ersten Serie für die ganz genauen Leser). Ungleich beschaulicher als im prunkvollen Setting der Serie, führt das Kloster meist eine einsame Existenz, hin und wieder durchbrochen von einem Dominikanermönch, der in weißer Robe die Pflanzen wässert oder die Orangenbäume pflegt. Die Prediger des heiligen Dominikus von Guzman gelangten 1450 nach Malta, begannen 1457 mit dem Bau ihres Priorats und legten einige Jahre später den Grundstein für die Kapelle Our Lady of the Grotto, die an eine wundersame Marienerscheinung erinnert.

An den Klostermauern wurden verschiedene Sonnenuhren eingelassen, die älteste geht auf das Jahr 1717 zurück. Die Präsenz des Ordens ist hier seit dem 15. Jahrhundert ununterbrochen belegt, nimmt man die tragischen Monate der Großen Belagerung einmal aus, während der die Bevölkerung, der Klerus und die Kavallerie des Malteserordens im Schutz der Festungsmauern blieben.

Adresse Misraħ San Duminku, Rabat, Malta, Tel. 21454592; www.opmalta.org | **ÖPNV** Dumnikani (Bus 51, 52, 53, 181, 201) | **Öffnungszeiten** Mo–Fr 8–18 Uhr, Sa 8–16 Uhr | **Tipp** In der Klosteranlage befindet sich die Kapelle der alten Our Lady of the Grotto, die seit dem 16. Jahrhundert eine Marienstatue beherbergt. Eine Kopie aus Marmor hat, laut Augenzeugenberichten, 1999 wunderbarerweise Bluttränen geweint.

74 Das Museum der heiligen Agatha

Der großmütige Storch

Es gibt preisgekrönte und internationale Museen, anspruchsvolle oder solche mit hochklingenden Namen, wie das British Museum in London, der Louvre in Paris, die Uffizien in Florenz oder das Kunsthistorische Museum in Wien. Oder örtliche Ausstellungen, die eher zähe Kost bereitstellen, aber verdienstvolles Werk Freiwilliger und einzelner Liebhaber sind. Häufig genügen für uns Touristen der Name des Museums oder die mit Sternchen versehenen Beschreibungen in den Reiseführern und im Internet, um zu entscheiden, wohin wir unsere Schritte lenken sollen. Manchmal geschieht es aber, dass man – durch Zufall – kleine, ganz besondere Orte aufspürt, die ungeahnte Schätze bereithalten.

Die kleine Treppe, die vom Platz vor der Kirche der heiligen Agathe in das Innere des benachbarten Palazzo hochsteigt (nicht zu den Katakomben, siehe Ort 77), scheint etwas staubig zu sein, sodass Allergiker an Taschentücher denken sollten. Im Inneren des Palazzo erwarten einige Überraschungen den Besucher: Zwischen Regalen mit ausgestopften Tieren, Friesen, Mineralen, Keramiken, Kleidung und Münzen sticht die Statue der Agathe heraus, die 1666 in einen einzigen, ein Meter hohen Alabasterblock gehauen wurde. Zu Füßen der Vitrinen sind vorchristliche oder byzantinische Reliefs ausgestellt, die wahrscheinlich den Altar einer antiken Kirche abschließen sollten. Darunter ein Storch, der sich mit seinem Schnabel in die Seite hackt, um seiner Brut zu trinken zu geben, und viele weitere Haustiere, die etwas ungelenk auf dem weichen hellen Kalkstein dargestellt wurden und ein überraschend zartes und menschliches Antlitz aufweisen.

Nach Jahrhunderten der immerwährenden Gefahr, als Bausteine für Mauern oder Gebäude zu enden, stand das Glück diesen Reliefs bei, die nun in den stillen (und kaum besuchten) Räumlichkeiten des alten, der sizilianischen Heiligen geweihten Museums ihr Dasein fristen, in der Erwartung, die wenigen Besucher durch ihren Anblick zu entzücken.

Adresse 54 Triq Sant'Agata, Rabat, Malta | ÖPNV in der Altstadt von Rabat, etwa 500 Meter von der Endhaltestelle der Busse | Öffnungszeiten Mo–Fr 10–18 Uhr, Sa 9–14 Uhr, So geschlossen | Tipp Unterhalb der Kirche des heiligen Paulus öffnet sich die kleine Grotte, in der der Legende nach der Apostel gepredigt haben soll.

75__Publius Parruċċan Confectionery

Gebäck für Eingeweihte

Vor der gestrengen Fassade der Kirche des heiligen Paulus in Rabat kann man häufig eine Menschenschlange aus Einheimischen, neugierigen Touristen und Leckermäulern sehen, die den unwiderstehlichen Versuchungen dieser Konditorei erlegen sind. Erwarten Sie keine erlesene Einrichtung, Majolika-Teller, charmante Konfektionen oder liebevoll zwischen den Süßigkeiten angerichtete Blümchen. Wenn Sie dagegen auf der Suche nach den beliebtesten Gebäckspezialitäten des Eilands sind, dann ist Parruċċan genau die richtige Adresse für Sie.

Der Duft nach Gebäck und Süßwaren erfüllt die Regale mit den ausgestellten Erzeugnissen, wo sich harte und weiche Mandeltorroni (*qubbajt*) zusammen mit den berühmtesten Gebäckspezialitäten finden, wie den *qagħaq tal-għasel* (mit Feigen) oder den *biskuttini tar-raħal*, die man zur Feier von Taufen schenkt und die daher in den Versionen Rosa und Himmelblau für die beiden Geschlechter angeboten werden. Unter den Zutaten nehmen heimische Produkte einen großen Raum ein, aber natürlich fehlen auch Gewürze wie Nelken und Zimt nicht, wie es sich für eine Insel geziemt, die seit jeher Mittelpunkt der Handelsrouten im ganzen Mittelmeerraum ist. Aber nicht nur Gebäck gibt es hier: Herr Cutajar, der der Konditorei und ihren Backöfen vorsteht, empfiehlt Ihnen auch den maltesischen Kuchen mit Rosinen, Orangen und Marmelade, das Konfekt mit Kokos, die *kannoli* mit süßer Ricotta und kandierten Früchten (die natürlich ihren Verwandten aus dem nahen Sizilien sehr ähnlich sind), süße Röllchen mit Feigen und viele andere, nicht gerade diätetische Leckereien.

Wenn Sie zwischen den Einweckgläsern und den verpackten Süßwaren rechts von der Gebäcktheke stöbern, entdecken Sie darüber hinaus Honig aus Gozo und den zuckersüßen Karubensirup (auch gut gegen Husten), Marmelade mit normalen Feigen und die Konfitüre mit Kaktusfeigen. Ein Fest der Sinne aus einer mediterranen Inselwelt, die überaus reichlich von der Sonne verwöhnt wird.

Adresse Triq San Kataldu 3, Rabat, Malta | **ÖPNV** Rebħa (Bus 50); Rabat (Bus 50, 51, 52, 53, 56, 109, 181, 182, 186, 201, 202) | **Öffnungszeiten** Mo–Sa 9.45–17 Uhr | **Tipp** Das Wignacourt Museum (im Anwesen des Großmeisters Alof de Wignacourt aus dem 17. Jahrhundert, www.wignacourtmuseum.com) bewahrt eine Kunstsammlung, eine Kapelle und eine Reihe von Luftschutzbunkern für die Öffentlichkeit.

76_Rogantino's

Die Tradition im Herzen

Die kleinen Straßen von Rabat zur Küste haben es in sich: Kurven, Abzweigungen und Trockenmauern machen die Orientierung zum Palazz L-Aħmar schwierig. Die Richtung ist dieselbe wie zu den Klippen von Miġra Ferħa, wo der Legende nach Roger der Normanne im Jahr 1019 landete, um der arabischen Herrschaft auf Malta ein Ende zu setzen. Schließlich erscheint der dunkle, altehrwürdige Bau hinter einer Kurve, umgeben von einem blühenden Garten. Vor dem Zweiten Weltkrieg war der kleine Palazzo noch höher, bis ein deutsches Flugzeug beim Absturz sein Oberteil abriss.

Das Erste, was auffällt, wenn man bei Rogantino's eintritt, ist die riesige Menge an Kisten für Wein, Portwein und Whisky rund um den Bartresen, Frucht der Sammelleidenschaft des Besitzers, der selbst ironischerweise immer abstinent gelebt hat. »Der Name unseres Landgasthauses ist der des Urgroßvaters«, erzählt Giulia, in einer Arbeitspause in der schönen Küche des Lokals, »und unsere Philosophie ist, einige traditionelle maltesische Gerichte mit viel Liebe zum Detail zuzubereiten. Ich lasse mich dabei von dem anleiten, was ich an kulinarischen Traditionen anderer mediterraner Länder in unserer Nähe kennengelernt und erfahren habe.«

Viele kommen für Festessen mit acht Stunden lang gekochtem Spanferkel oder für einen Genießerausflug auf dem Land hierher: In der warmen Jahreszeit kann man auf der malerischen Terrasse sitzen, die auf die umliegenden Felder schaut, im Winter dagegen wärmt ein großer Kamin. Auf der Speisekarte dürfen natürlich ofengebackenes Lamm und Fisch nicht fehlen: Eine der Spezialitäten des Hauses ist der Tintenfisch in Anchovissauce.

Für das ganzjährig außer im August geöffnete Restaurant muss man reservieren. Aber Sie sollten es probieren, rechtzeitig anrufen und sich beim Versuch, den Ort zu finden, ruhig ein wenig verfahren, um neben den Aromen der maltesischen Küche auch den Duft der Macchia einzusaugen, den man in den großen Touristenresorts nicht mehr oft wahrnimmt.

Adresse Wied il-Bużbies, Landrijiet, Rabat, Malta | **ÖPNV** circa ein Kilometer von der Haltestelle Fiddien (Bus 109) | **Öffnungszeiten** Mo–Fr 19.30–0.30 Uhr, Sa 12.30–17.30 und 19.30–0.30 Uhr, So 12.30–17.30 Uhr; im August geschlossen, Tel. 21452003, www.rogantinos.com | **Tipp** Die Klippe von Miġra Ferħa, in geringer Entfernung vom Restaurant, ist atemberaubend. Auf einem steilen Weg (achtsam begehen!) gelangt man hinab.

77_Die römische Domus

Vom Honigwein verschonte Mosaiken

»Auf dem Tafelaufsatz war ein Esel aus korinthischer Bronze zu sehen, mit einem Quersack, der auf der einen Seite helle, auf der anderen dunkle Oliven enthielt. Auf ihm saßen zwei Schüsseln auf, in deren Rand der Name des Trimalchio sowie das Gewicht des Silbers eingraviert waren. Schälchen aus Eisen enthielten in Honig und Mohn eingelegte Mäuse. Auf einem silbernen Rost rauchten noch kleine Würstchen, darunter lagen anstelle der Glut syrische Pflaumen und Granatapfelkerne.«

Auch wenn diese Schilderung aus dem »Satyricon« von Petronius vermutlich leicht übertrieben ist, so waren Festmahle im Rom der Kaiserzeit ohne Zweifel uferlos und vielleicht auch ein wenig schwer verdaulich.

Dutzende Gäste wurden von zig Sklaven bedient und unterhalten, Köche und Tänzerinnen belegten jeden nur verfügbaren Raum und bewegten sich zwischen Musik, Gelächter, freskenüberzogenen Wänden und mit feinsten Mosaiken ausgelegten Fußböden. Nach solchen Essen waren Letztere nicht selten mit einer Schicht aus Saucen, süßem Falernerwein, *garum*, Süßspeisen und klebrigem Honigwein überzogen.

Wie in allen großen Patrizierhäusern, die etwas auf sich hielten, hatte auch diese römische Domus, die im Zentrum von Rabat – nur einen Steinwurf von Howard Gardens und den Festungsmauern von Mdina entfernt – ans Licht kam, herrliche Fußbodenverzierungen. Wie jene, die man noch im *atrium* bestaunen kann, dem großen, von 16 Säulen eingerahmten Saal (nur eine ist noch original), in dem neben sehr raffinierten geometrischen Motiven auch das Bild zweier am Rand einer Schüssel ruhender Vögel zu sehen ist, die wohl froh waren, den mordlustigen Köchen eines der von Petronius beschriebenen Bankette entkommen zu sein.

Heute ist die Domus ein Museum, wo man die Lebensgewohnheiten und den Alltag einer römischen Familie aus dem ersten Jahrhundert nach Christus, die Mode, Bräuche, Lustbarkeiten und natürlich den Speiseplan kennenlernen kann.

Adresse Rabat, Malta; www.heritagemalta.org / museums-sites / domvs-romana | ÖPNV Rabat 2 (Bus 109, 181, 182, 186, 201, 202, N12, X3) | Öffnungszeiten täglich 9–17 Uhr, letzter Einlass 16.30 Uhr | Tipp Auf der Mdina Road, die über die Howard-Gärten zum Tor von Mdina führt, kann man eine karrozzin anmieten, also eine kleine Pferdekutsche, in der man in aller Ruhe im langsamen Trott die Gässchen der befestigten Zitadelle genießt.

78_Gardjola

Das Auge der Ritter

Der Blick vom kleinen Garten der Gardjola ist atemberaubend. Vorn der Meerarm des Grand Harbour, dahinter die Stadtmauern von Valletta, die das ganze Sichtfeld einnehmen. An den Ausläufern des Kaps, auf dem wir uns befinden, schaukeln große Yachten und traumhafte Segelboote träge vor den Cafés der Meerpromenade von Birgu.

Auf einsamer Flur bewacht ein Beobachtungsposten aus hellem Stein den Horizont: Es ist die Gardjola oder *vedette* auf Französisch, das jahrhundertelang die Lingua franca des Johanniterritterordens war.

Auf seinen Wänden sind drei Symbole abgebildet: ein Auge (das natürlich für die nötige Wachsamkeit, den Horizont auszuspähen, steht), ein Ohr (das an die den Wachen obliegende Wachsamkeit erinnert) und ein Kranich, historisch einer der Inbegriffe für Hingabe, Opferbereitschaft und Selbstlosigkeit.

Der kleine, aussichtsreiche Militärbau wurde an der äußersten Spitze der Halbinsel Senglea erbaut, einer Stadt, die in der Geschichte viele Namen trug. Auf Malti heißt sie L-Isla, da dieser felsige Zipfel ursprünglich die Insel von San Giuliano bildete, die durch eine Brücke mit dem Festland verbunden war. Nach Ende der Großen Belagerung von 1565 wurde der Stadt ehrenhalber der Name *Civitas Invicta* verliehen, da ihre Mauern ebenso wie die des nahen Birgu dem monatelangen Ansturm der osmanischen Truppen standgehalten hatten. Schließlich folgte der Name Senglea, der vom Großmeister Claude de la Sengle abgeleitet ist, dem Vorgänger von La Valette, der die Stadt wenige Jahre vor dem Erscheinen der türkischen Schiffe am Horizont von Malta wohlweislich befestigte.

Nachdem sie ihre militärische Rolle nun schon seit Jahrhunderten eingebüßt hat, funkelt die Gardjola im typisch hellen maltesischen Stein nach abgeschlossener Restaurierung friedfertig über den Wassern von Valletta.

Vielleicht ist ihr nach dem Weggang der Johanniterritter etwas einsam zumute, die hier über zweieinhalb Jahrhunderte über die Sicherheit des Hafens und der Insel Malta gewacht haben.

Adresse Ġnien il-Gardjola, Senglea, Malta | **ÖPNV** Isla Bus Terminus (Bus 1, 124, 213) | **Tipp** Auch wenn man sich hier mitten im Grand Harbour befindet, sind die Felsen zu Füßen der Gardjola ein sehr beliebter Badeort, wobei man aufgrund des regen Schiffsverkehrs nahe am Ufer bleiben sollte.

79__Das Falknerei-Zentrum

Auf der Suche nach dem Malteser Falken

Die Krallen in den Lederhandschuh eingehakt, schaut Tamara mit ihren schlauen Eulenaugen zur Morgensonne hinauf. Auch wenn böse Zungen uns weismachen wollen, sie und ihre Artgenossen brächten Unglück, ist die Wahrheit doch, dass die Eulen im Herzen des Mittelmeerraums die heiligen Tiere der Athene waren, der griechischen Göttin der Weisheit.

Nicht weit von Tamaras Gestell fliegen Dutzende Raubvögel durch die Volieren des Malta Falconry Centre von Siġġiewi und warten auf ihr Frühstück. Unter Geiern, Fischadlern, imposanten Königsadlern und flauschigen Schleiereulen erholen sich auf der Wiese auch einige Wanderfalken mit ihren spitzen Schnäbeln und dem scharfen Blick.

Es sind sämtlich Exemplare der Gattung *Falco peregrinus brookei*, des Malteser (oder mediterranen) Falken. Das Tier wurde einem breiten Publikum durch John Hustons Film aus dem Jahr 1941 »The Maltese Falcon« (deutsch: »Die Spur des Falken«) mit Humphrey Bogart nach dem Roman von Dashiell Hammett bekannt, in dem sich Bogart mit wild gewordenen Banditen und der kurvenreichen wie rätselhaften Mary Astor herumschlagen muss, um die kostbare Statue eines Falken zu finden. Wie im Film erwähnt, forderte Karl V. für seine Großzügigkeit gegenüber den Johannitern, die von den Türken 1522 aus Rhodos vertrieben wurden und denen er Malta, Gozo und Tripolis zur »ewigen Verwaltung« überließ, als Gegenwert eine rein symbolische Zahlung in Form eines Jagdfalken pro Jahr.

Wenn man die Tiere in ihren Ruhepausen so anschaut, mag man kaum glauben, dass sie die schnellsten Tiere der Welt sind, aber die Fachleute versichern uns, dass ein Falke im Sturzflug leicht an die 350 Stundenkilometer und Spitzen von 390 erreichen kann (ein Adler erreicht »nur« 320). Tamara scheint ihrerseits nicht viel auf die Schnelligkeit oder die steilen Flugkurven ihrer Raubvogelkollegen am Himmel über dem Falknerei-Zentrum zu geben. Denn im Grunde zählt Geschwindigkeit für einen göttlichen Vogel nicht viel.

Adresse Siġġiewi, Malta, Tel. 21460985; www.maltafalconrycentre.com | **ÖPNV** Saura (Bus 109, 201) | **Öffnungszeiten** im Sommer Di–So 9–12.30 Uhr, im Winter Mi–So 9–15 Uhr. Im Winter werden zwei Flugschauen (11 und 14 Uhr), im Sommer nur eine um 11 Uhr abgehalten. | **Tipp** Hinter dem Park des Malta Falconry Centre führt ein kurzer Spaziergang (vom Tor aus die erste Straße rechts) zur Kapelle der Santa Marija ta' Ħal Xluq aus dem 17. Jahrhundert und ihrem Kirchplatz.

80__Limestone Heritage

Die Geschichte des maltesischen Steins

Bei Sonnenauf- und untergang färben sich die Häuser, Paläste und Kirchen von Malta in einen warmen Ockerton, in dem ihre Profile sich auch mitten im Sommer sanft und weich ausnehmen. Der Grund für diesen Effekt liegt gänzlich im verwendeten Baustoff: ein besonderer Typ Kalkstein, der Globigerinida-Fossilien aufweist, was ihn besonders leicht form- und schneidbar macht. Dieser Stein ist aber nur einer von vielen auf den Inseln des Archipels: In größeren Tiefen wird ein härterer und beständigerer Typ abgebaut, und an vielen Orten findet sich nahe der Oberfläche eine noch sprödere Schicht aus Sandstein und Lehm, ein wasserundurchlässiges Material, das eine grundlegende Rolle für das Grundwasser spielt, da es in seinem Inneren Regenwasser bewahrt. Die vollständige Geschichte des maltesischen Gesteins – und vor allem des von den Inselbewohnern bevorzugten Bausteins – wird Besuchern eindrucksvoll in der weitläufigen Senke des Steinbruchs illustriert, in dem sich das Limestone Heritage befindet.

Der Ort ist vieles in einem: Museum, Touristenattraktion und Spielwiese für Jung und Alt, außerdem gibt es eine Location für Abendessen und Veranstaltungen. Recht viele Dinge, um unter einem Dach untergebracht zu sein. Aber man kann sagen, dass bis auf einige Püppchen und Urtiere, die an Kitsch grenzen, ein Besuch des Museums einen guten Eindruck vom Betrieb antiker und heutiger Steinbrüche vermittelt.

Angesichts des aktuellen Baubooms auf Malta ist der Kalkstein ein Material mit unschätzbaren Vorzügen – und Nachteilen: Die gute Nachricht ist, dass es sich um einen lokalen Stein handelt, für dessen Verwendung man keine langen, kostspieligen und umweltschädigenden Transporte benötigt und der dank seiner Sprödigkeit recht leicht bei Abrissen für zukünftigen Gebrauch wiederverwendet werden kann. Der negative Aspekt hat wiederum mit der starken Bautätigkeit der letzten Jahre zu tun, in deren Verlauf sich die Steinbrüche vertieft und verbreitert haben und so in rascher Zeit die natürlichen Reichtümer der Insel schmälern, die wie alle Ressourcen nur begrenzt vorhanden sind.

Adresse Triq Mons. M. Azzopardi, Siġġiewi, Malta | ÖPNV Saura (Bus 62, 109, 201) | Öffnungszeiten Mo–Fr 10–16 Uhr, Sa 9–12 Uhr, www.limestoneheritage.com | Tipp Auf der Triq San Nikola bietet Ferdinand's Bar neben der Pfarrkirche von San Nicola di Bari einen Imbiss, ausgezeichnete Tagesgerichte und viel Herzlichkeit.

81_Plough & Anchor

Ein Pub der englischen Tradition

Für seine Stammtischfreunde ist der kleine Pub unweit vom Meer in Sliema eine unverzichtbare Anlaufstelle, in dem es sogar die »größte Auswahl an Whisky außerhalb Schottlands« geben soll. Ein Lokal, das »neben den normalen Bieren für Touristen auch die Farson's und Cisk, eine kleine, aber feine Weinkarte, aber vor allem eine riesige Menge an Spirituosen für einen so kleinen Pub bereithält«. Den Worten dieser eingefleischten Fans muss man einfach glauben.

Wenn Sie natürlich nach einem ruhigen Lokal Ausschau halten, um dort Gaumenfreuden im hellen, weitläufigen Ambiente und mediterraner Atmosphäre zu genießen, dann ist das Plough & Anchor nichts für Sie. Wenn Sie dagegen nichts gegen die engen Räume einer Kombüse mit stechenden Gerüchen haben, sich nur umgeben von Flaschen, Krügen und Pints zu Hause fühlen und dazu noch zu den Sportfans gehören, die mit ihren Schals von Mannschaften verschiedener Sportarten (aber nur englischer!) die Wände tapezieren, dann werden Sie diesen Ort lange in Erinnerung behalten und Ihren Freunden davon erzählen.

Mit den Witzen und Sprüchen *very british*, die hinter dem Barmann George zu lesen sind, ist das Plough & Anchor von Sliema seit Jahren eine feste Institution bei englischen Touristen der Gegend, die in seinen Räumlichkeiten die neblige Luft ihrer Heimat zu fühlen meinen. Mit dem Unterschied allerdings, dass dieser Pub spät schließt (erst um ein Uhr nachts, eine Uhrzeit, die in den Vororten von Manchester auch die hartgesottensten Trinker erschaudern lassen würde) und draußen die Sonne scheint, wenn man das Mahagoni-dominierte Etablissement verlässt. Dazu kommen die Preise, die sehr viel niedriger und angemessener sind als die in Europa oder dem weiten Großbritannien:

»Please, refrain from using bad language at all f… times«, liest man auf den Schildern zwischen seltenen Flaschen, oder auch *»Men: no shirt, no shoes, no service. Ladies: no shirt, free drinks«*.

Englischer Humor, wie er leibt und lebt, in einem kleinen Pub, der klassischer gar nicht sein könnte.

Adresse Triq it-Torri 261, Sliema, Malta | ÖPNV Antik (Bus 13, 14, 16, 202, 212) | Öffnungszeiten Di–Fr 11–14 und 18–1 Uhr, Sa 18–24 Uhr, So immer geöffnet, Tel. 21334725 | Tipp Der lange Strand von Sliema, Exiles Beach, ist mit seinen flachen Felsen und vielen Zugängen zum Meer bei Maltesern sehr beliebt, vor allem in den Nachmittags- und Abendstunden.

82 Das Archäologische Nationalmuseum

Die beleibte Dame

»Die Oper ist erst dann zu Ende, wenn die dicke Dame singt.« So lautet mehr oder weniger ein angelsächsisches Sprichwort, das sich über die Tatsache lustig macht, dass deutsche Opern fast immer vom Solo einer (vermutlich recht beleibten) Walküre Brunhilde abgeschlossen werden, die natürlich mit Zöpfen und einem gehörnten Helm auftritt.

Der Satz scheint zuerst auf den Sportseiten der »Dallas Morning News« aus dem Jahr 1976 aufgetaucht zu sein, um das umkämpfte Finale eines Bskesballspiels zu kommentieren. Abgesehen von der Oper und dem Sport scheint in Malta eine gewisse Vertrautheit mit weiblicher Leibesfülle zu herrschen: Die archäologischen Stätten haben jedenfalls Statuen großer oder kleiner, schlafender, liegender oder stehender Frauen ans Licht gebracht, die man zum Gutteil nach heutigen Schönheitsidealen als etwas übergewichtig bezeichnen muss. Wie etwa die Venus von Malta in Ħaġar Qim und die dicke Frau von Tarxien.

Der Palazzo, in dem sich das Archäologische Nationalmuseum befindet, stammt aus dem Ende des 16. Jahrhunderts und wurde vom Architekten Girolamo Cassar als Auberge de Provence des Johanniterordens errichtet. Später, von 1820 bis 1954, diente er als Union Club der britischen Streitkräfte. Heute werden in seinen Sälen wahre Meisterwerke gezeigt, wie die kopflosen Statuen aus dem Tempel von Ħaġar Qim oder die Schlafende Frau, die aus dem Hypogäum von Ħal Saflieni stammt.

Vielleicht sollten diese Statuen in der Vorstellung der antiken Bildhauer die Mutter Erde, die weibliche Fruchtbarkeit oder die Fülle symbolisieren? Oder waren sie nur »Instrumente« für Kulthandlungen? Wir wissen es nicht. Wir können nur ihre fülligen Formen bewundern, die ungeachtet der Jahrtausende ruhig daliegen und darauf warten, dass sie gerufen werden, vor einem Publikum das Finale der großen »Oper« zu singen, die Schritt für Schritt die bedeutendsten Momente der monumentalen Vorgeschichte Maltas auf die Bühne gebracht hat.

Adresse Triq ir-Repubblika (Republic Street), Valletta, Malta; www.heritagemalta.org/museums-sites/national-museum-of-archaeology | ÖPNV Arcisqof (Bus 133) | Öffnungszeiten 9–17 Uhr | Tipp Unweit von der alten Auberge de Provence auf der Triq ir-Repubblika findet man die Kirche Santa Barbara, in der früher der angesehene Berufsstand der französischen Artilleristen zur Messe ging. Heute ist sie die Pfarrkirche für die katholischen Malteser englischer, französischer und deutscher Sprache.

83__Der Barrakka Lift

Auf und ab an der Stadtmauer

Leise beginnt die Kabine mit dem Aufstieg, das Blau des Meeres sinkt nach unten, in die Ferne. An der Seite ziehen die ockerfarbenen Stadtmauern von Valletta schnell vorbei, bis ein Pfeifton die Passagiere in die schattigen Upper Barrakka Gardens entlässt.

Während der Fahrt im Fahrstuhl lassen sich die Abmessungen der vertikalen Liftstruktur, die an eine dorische Säule erinnert, nur schwer erkennen. Steht man aber unterhalb des Castille Square, hat man den Barakka Lift mit seiner Aluminiumstruktur, eine Hommage an die Kräne des ehemaligen Handelshafens, und die winzige Brücke, die ihn mit dem massiven Bau der alten Stadtmauern verbindet, gut im Blick.

Der Panorama-Fahrstuhl von Valletta, 2012 fertiggestellt und nach Plänen des Büros Architecture Project (AP) realisiert, ist eine große Neuheit, die uns gleichzeitig zurück in die Vergangenheit befördert. 1905 wurde nämlich hier der erste Aufzug gebaut, um die Beförderung von Personen und Material für die Schiffe der Royal Navy zu ermöglichen. In den 80er Jahren wurde er aufgrund des immer geringeren Warenumschlags im Hafen und der Konkurrenz des Gütertransports auf der Straße abgebaut, blieb jedoch in der Vorstellung der Malteser von ihrer Hauptstadt fest verankert. So waren die wenigsten von der Wiederinbetriebnahme der brandneuen Aufzuganlage überrascht, die 55 Meter Höhenunterschied überwindet und bis zu 800 Personen pro Stunde befördern kann.

Heute hat der Barakka Lift die Funktion, vom Hafen, wo die riesigen Kreuzfahrtschiffe festmachen, einen schnellen Zugang (ohne Busse) zur Oberstadt von Valletta zu ermöglichen. Ein Service für die Besucher der Stadt also, für den man einen Euro als Obolus für die Auffahrt entrichtet, während die Abfahrt gratis ist. Zu Füßen der modernen Hightech-Säule befindet sich auch das Terminal für die Fähren zu den Three Cities auf der anderen Seite des Hafens, sodass der Aufzug auch ein grundlegender Bestandteil des modernen, öffentlichen Nahverkehrs ist.

Adresse Upper Barrakka Gardens, Xatt Lascaris, Valletta, Malta | ÖPNV Kastilja (Bus 133) | Öffnungszeiten täglich 7–22 Uhr | Tipp Der enge und lang gezogene Harbour Club unten am Meer (Xatt il-Barriera, www.theharbourclubmalta.com) ist ein ganz besonderes Restaurant, sowohl aufgrund seiner maltesischen und ausgesuchten Küche als auch wegen des architektonischen Ambientes des alten Hafengebäudes.

84_Caffè Cordina

Fresken einer Nation

Wer hat gesagt, dass man die Geschichte einer Nation nur anhand der großen Gemälde, Bilder und Kunstwerke in den stillen Sälen von Museen bewundern kann?

Seit circa Mitte des 19. Jahrhunderts trifft man die Kultur, Geschichte und Kunst einer Nation häufig auch im Café bei der Lektüre der Zeitung oder beim Kartenspiel an.

Dies war und ist der Fall in Städten wie Wien, Paris, Istanbul, Triest und London. Und Valletta bildet da keine Ausnahme. Unter allen Lokalen der Stadt ist das Caffè Cordina eine Institution der Hauptstadt, in dessen Räumlichkeiten sich der Hauch der großen Vergangenheit mit dem Duft frisch gebackener Pastizzi und Croissants vermengt und man die Fresken in den Gewölben bewundert, die von der Geschichte einer kleinen Nation erzählen: Phönizisch und römisch, Heimat der Johanniterritter und dann britisch – an der Decke ist die Glorie Maltas versammelt, bis zur Ausrufung der Republik und zum Eintritt in die Europäische Union 2004.

Im fernen 1837 eröffnet, steht das berühmteste Café der Hauptstadt seit 1944 an der heutigen Misrah ir-Repubblika (damals noch nach der englischen Königin benannt). Es war die Zeit des Wiederaufbaus am Ende des langen und desaströsen Krieges. Man entschied sich, das Café in dieses alte und adlige Stadthaus umzusiedeln, das die Reichtümer des »Commun Tesoro«, des Schatzhauses des Johanniterordens, beherbergt hatte und später jahrelang Teil des Grand Hotel war.

Heute hat sich das Café mit seinen Tischen fast auf den gesamten Platz ausgedehnt und nur das gestrenge Marmorbildnis der Königin Victoria (siehe Ort 98) ausgespart. Aber das Herz des Cafés schlägt natürlich im Inneren, wo man sich unter den Fresken, vor dem Tresen oder im Teesalon einen Tisch suchen kann, um in aller Ruhe eine der süßen Spezialitäten zu genießen, auf die sie im Cordina zu Recht stolz sind: Schokoladenpralinés, Cheesecake, Ricotta-Cannoli, *kwarezimal*, babà mit Rum, maltesischer Pudding …

Adresse Triq ir-Repubblika 224 (Republic Street), Valletta, Malta | **ÖPNV** Kristofru (Bus 133) | **Öffnungszeiten** Mo–Sa 8–19 Uhr, So 8–16 Uhr, www.caffecordina.com | **Tipp** Neben dem Café betritt man durch einen großen Bogen das Casino Maltese, seit 1852 der altehrwürdige und exklusive Club von Valletta: Der Zugang ist Mitgliedern vorbehalten, aber wenn Sie höflich fragen, lässt man Sie den großen Saal im Erdgeschoss bestaunen.

85_Casa Rocca Piccola

Das Refugium einer großen Familie

Bei einer Führung durch die Casa Rocca Piccola können Sie das Glück haben, vom Marchese Nicholas de Piro persönlich durch die Säle, Boudoirs und Flure begleitet zu werden und seinen unerschöpflichen Anekdoten, Geschichten und Kuriositäten zu Malta und seinen Bewohnern zu lauschen. Oder Sie begegnen im schattigen Innenhof zu Füßen der repräsentativen Treppe dem mehrere Sprachen sprechenden Papagei namens Kiko. Zuverlässig vermittelt ein Besuch der Casa Rocca Piccola im Herzen von Valletta einen Eindruck vom Leben und der Kultur der einheimischen Aristokratie, kosmopolitisch und Italien – vor allem Sizilien – eng verbunden. Die Adelsfamilien gelangten zusammen mit dem Johanniterorden auf die Insel, welcher, von den Osmanen und ihrer unüberwindlichen Militärmacht aus Rhodos vertrieben, Malta zur uneinnehmbaren Feste ausbaute.

Cosimo de Piro (ein Name, der vielleicht aus der griechischen Bergregion Epeiros stammt) kam 1530 nach Malta und ist der Urahn einer Familie von Juristen und Baronen, Rittern, graziösen Adelsfrauen und Inquisitoren.

Der Wohnsitz, den man über eine weiße, herrschaftliche Freitreppe betritt, bewahrt Erinnerungsstücke der Familie: Gemälde und Schmuckwaren, Möbel, religiöse Gegenstände, Kleidung der Zeit und die prächtige, reich gedeckte Tafel auf der Veranda im Art-nouveau-Stil, die über Innenhof und Garten thront.

Aber auch an Überraschungen fehlt es nicht, die Ihnen Ihr Guide vermutlich nicht vorenthalten wird: etwa das von Arthur Acton in den 1930er Jahren angefertigte Gemälde der Monica de Piro, die Luftschutzbunker im Kellergeschoss des Hauses, die vergoldete Sänfte im Eigentum von Victor Nicolas de Vachon Belmont, dem adligen Kapitän der Ordensgaleeren.

Ferne und nahe Vergangenheit, antiker und moderner Glanz, die Ihnen dabei helfen können, die komplexe Geschichte des Maltesischen Archipels, der jahrhundertelang Kreuzweg von Völkern, Sprachen und Kulturen war, zu verstehen.

Adresse Casa Rocca Piccola, Triq ir-Repubblika 74 (Republic Street), Valletta, Malta, www.casaroccapiccola.com | **ÖPNV** Qadim (Bus 133) | **Öffnungszeiten** Mo–Sa 10–17 Uhr, nur Besichtigungen mit Führung | **Tipp** Fast gegenüber dem Eingangsportal der Casa Rocca Piccola befindet sich unter Hausnummer 222 der Triq ir-Repubblika das Toy Museum mit einer bemerkenswerten, wenn auch etwas verstaubten Sammlung von Spielzeugautos, Puppen und weiterem Spielzeug von anno dazumal, die zu einem großen privaten Bestand gehörten.

86__Church of St James

Die koptische Messe

Wenn man am Sonntagmorgen durch die noch ruhigen und schläfrigen Gassen Vallettas schlendert, kann man auf der Triq il-Merkanti (Merchants Street) von den süßen und merkwürdigen Stimmen eines Chors angezogen werden, die in der Nähe der Kirche des heiligen Jacobus (Knisja ta' San Ġakbu il-Kbir) ertönen. Die dem Apostel geweihte Kirche, dessen Reliquien in Compostela aufbewahrt werden – seit Jahrhunderten Zielpunkt des langen und berühmten Jakobswegs –, war die offizielle Kirche der Langue de Castille des Johanniterordens auf Malta.

Im Jahr 1612 erbaut, wurde sie ein Jahrhundert später abgerissen und nach den barocken Plänen des Architekten Giovanni Barbara neu errichtet. An der Fassade prangt (oberhalb des kastilischen Wappens) die *concha*, also die Muschel, die seit Jahrhunderten Symbol der Jakobspilger ist.

Heute jedoch begegnet man am Sonntagmorgen statt eleganten kastilischen Adligen den Gläubigen der orthodoxen Kirche Eritreas, Tewahedo, die wie ihre religiösen Brüder und Schwestern in Äthiopien die Kirche für die Ausübung ihres Ritus auserkoren haben und nur zu gern Passanten und Interessierte in ihre Reihen aufnehmen.

Die religiöse Gemeinschaft auf Malta ist mit circa 500 Personen ziemlich zahlreich, und der Gottesdienst wird mit Hilfe von Musik, Gesängen und dem regelmäßigen Schlagen der Trommeln zelebriert. Auf der Straße, vor den Stufen der Fassade, stellt ein Verkaufsstand Heiligenbilder, Ikonen und die weißen Schleier aus, die die Frauen zum Verhüllen ihres Hauptes verwenden, während eine geordnete Reihe von Schuhen auf dem Bürgersteig immer länger wird. Denn die Kirche darf nur barfuß betreten werden.

Vieles erinnert an die Glaubenslehre und Kultur des Judentums, wie die Beschneidung, der Feiertag des Samstags und die Tradition der Bundeslade, die in der Bibel wie bei Indiana Jones zitiert und nach dem äthiopisch-orthodoxen Credo in Aksum verwahrt wird.

Adresse Triq il-Merkanti (Merchants Street), Valletta | ÖPNV Kastilja (Bus 133) | Öffnungszeiten Sonntagmorgen | Tipp Das Chocolate District (Triq Melita 12) bietet eine große Auswahl an Schokoladenpralinés, Tafeln und Süßigkeiten auf Kakaobasis sowie Plätze zum Sitzen.

87_Der Erzfeind von Masaniello

Zwei unterschiedliche Schicksale

Zwei Männer und zwei völlig verschiedene Denkmäler. Im engen und ärmlichen Vico Rotto, nahe der Piazza del Mercato in Neapel, hat die Stadt 1997 eine Gedenktafel an »Masaniello, Kapitän-General des neapolitanischen Volkes«, anbringen lassen. In Malta finden wir dagegen in der goldverzierten italienischen Kapelle der Konkathedrale von St John's ein Monument aus glänzendem Marmor, das an Gregorio Carafa erinnert, Prinz von Roccella, der in seiner Jugend der Erzfeind des neapolitanischen Volkstribuns war.

Alles begann am 7. Juli 1647, als die Plebs von Neapel unter Führung von Masaniello (einem Gassenjungen, Fischer und vermutlich auch Schmuggler) sich gegen die Regierung unter dem Ruf *»Viva 'o Rre 'e Spagna, mora 'o malgoverno«* (»Es lebe der König von Spanien, nieder mit der schlechten Regierung«) auflehnten, denn die Abgaben stiegen unaufhörlich, was auch mit den wirtschaftlichen Schwierigkeiten der spanischen Krone zu tun hatte, die durch die Niederschlagung der Unabhängigkeitsaufstände in den Niederlanden und – man höre und staune – in Katalonien ausgeblutet war. Wie immer in derartigen Situationen zögerte die Aristokratie nicht, sich gegen das Volk zu stellen. Masaniello starb in geistiger Umnachtung, vergiftet mit Reserpin, das ihm vielleicht die Ehefrau des Vizekönigs verabreicht hatte. Gregorio Carafa, der dem Volkszorn entgangen war, sollte sich durch die Niederschlagung der revolutionären Aufstände auszeichnen, die sich mittlerweile nach Kalabrien ausgedehnt hatten.

Nachdem er zunächst in Spanien aufgehalten worden war, wurde er Kommandant der Flotte des Ordens in der Dardanellenschlacht gegen die Türken und in der Folge Großmeister des Ordens von 1680 bis 1690, ein Amt, das es ihm ermöglichte, den Umbau des Fort Sant'Elmo voranzutreiben, auch wenn seine Ägide kurioserweise für die Einführung der Spielkarten in Malta bekannt ist.

Adresse Triq San Ġwann, Valletta, Malta | **ÖPNV** Arcisqof (Bus 133) | **Öffnungszeiten** Mo–Fr 9.30–16.30 Uhr, Sa 9.30–12.30 Uhr, So und Festtage geschlossen | **Tipp** Wenn Sie die Person Carafa neugierig gemacht hat, sollten Sie wissen, dass sich an der Fassade der Auberge d'Italie (229, Triq il-Merkanti, Merchants Street), die von ihm selbst in barockem Stil umgestaltet wurde, noch heute seine Büste und das Wappen befinden.

88__Das Fort Sant'Elmo

Kostüme und Arkebusen

Sicherlich, den feinsinnigeren Gemütern unter den Reisenden mag diese Schau uninteressant oder sogar unnötig pompös erscheinen. Aber einen Aufzug von rüstungsbewehrten Soldaten aus dem 17. Jahrhundert in Uniform vor den Bögen des Neptunhofes von Nahem mitzuerleben, mit Arkebusenfeuer, Trommelwirbel und Trompeten- und Horngebläse, ist wirklich beeindruckend. Vor allem wenn neben den so (ein)gebildeten Erwachsenen Kinder dabei sind, die wie man weiß von historischen Ritterkostümen, dem Krachen von Salven und großer Verwirrung magisch angezogen werden.

Die Parade nennt sich »In Guardia«. Etwa 60 Teilnehmer stellen nach, wie die Inspektion der Garden des Fort Sant'Elmo vonseiten des Vogtes des Johanniterorden vor sich ging, also des militärischen Kommandanten der Garnison von Valletta. Natürlich ist die gesamte Aufführung etwas phantasiereich ausgeschmückt – an einem normalen Tag im Festungsleben wird es weit weniger formal zugegangen sein. Während der 45-minütigen Schau ist alles versammelt, was das Festungsleben so hervorgebracht hat: Musketiere und Hellebardenträger, Kaplan und Vogt, Ritter und einfache Knappen.

Die Teilnahme an der sonntäglichen Show eröffnet den Besuchern auch die Möglichkeit, das restaurierte Fort (und das Kriegsmuseum, siehe Ort 99) zu besichtigen, von den Bastionen auf den unteren Abschnitt der Festung herunterzuschauen (wo für einige Szenen des Films »12 Uhr nachts – Midnight Express« von Alan Parker der fürchterliche türkische Kerker von Sağmalcılar nachgestellt wurde) und vor allem in dem Moment hochzuspringen, wo die Arkebusen der Waffenträger ihre Schüsse in die Luft abgeben, was eine Menge Rauch, Flammen und staunende »Ooohs!« der Gruppen japanischer Touristen zur Folge hat.

Eine sehr gut einstudierte Aufführung also, vor allem vor einem stimmigen Hintergrund in einer der spektakulärsten Festungen Maltas, die das ununterbrochene Kommen und Gehen von Schiffen, Fähren und Booten überblickt, welche die Wasser des Grand Harbour von Valletta durchziehen.

Adresse Fort Sant'Elmo, Valletta, Malta | ÖPNV Iermu (Bus 133) | Öffnungszeiten Jan. – Juli und Sept. – Dez. So 11 Uhr, außer bei Schlechtwetter | Tipp Man kann sie zwar oben auf den Festungsmauern sehen, aber zum Erreichen der Breakwater Bridge am äußersten Zipfel des Grand Harbour muss man zum Landungssteg der Fähren nach Sliema hinuntersteigen und dann bis zum Ende der Umfassungsmauern des Forts weitergehen.

89__Galea's Art Studio

Die Galerie der Seeschlachten

Große Linienschiffe im Rauch des Artilleriefeuers, Clipper mit Segeln im Wind, Admiralsschiffe in Festbeflaggung und Ansichten des Grand Harbour während der Belagerung 1942.

Die zarten Farbtöne der Aquarelle und die unglaubliche historische Präzision in den Details sind die Charakteristiken, die dem Betrachter ins Auge springen, wenn er eines der Bilder von Edwin Galea zum ersten Mal begutachtet. Als raffinierter Maler hat Edwin seine Leidenschaft für das Meer und die Geschichte der Marine in seine Kunst einfließen lassen und dafür Sammlungen und Museen in der ganzen Welt besucht. Seine sehr geschätzten Arbeiten wurden in Italien, Griechenland, Belgien und in der gesamten angelsächsischen Welt gezeigt, angefangen mit London über Australien bis zu den USA, wo er eines seiner Werke dem damaligen Präsidenten George W. Bush vermachte.

Aber die Passion für die See besitzt Edwin Galea nicht ganz zufällig, hatte doch schon sein Vater, Joseph, 1920 eine erste Galerie eröffnet, die sich damals noch Charing Cross Art Studio nannte und in der er seine oftmals von der britischen Royal Navy in Auftrag gegebenen Arbeiten ausstellte. Während der tragischen Monate des Zweiten Weltkriegs positionierte sich der Maler oft mit seiner Staffel und den Farben am aussichtsreichsten Punkt des Hafens, um gewissermaßen live die Effekte des feindlichen Bombenangriffs zu malen, wie der auf den britischen Flugzeugträger »Illustrious«, der auf Leinwand verewigt und öffentlich in Valletta ausgestellt wurde.

Die nah zum Royal Opera House gelegene kleine Galerie wurde jüngst modernisiert (und die Schaufenster dabei passenderweise mit Mahagoniholz aus einem im Hafen gesunkenen Schiff ausgekleidet). Sie nennt sich nun Galea's Art Studio und zeigt dem Besucher – der sich nicht selten zum Käufer wandelt – Dutzende von Aquarellen aus Edwins Produktion. Im Geschäft kann man seinem Bruder Charles begegnen, dessen Leidenschaft es wiederum ist, die faszinierendsten Geschichten der Marine und dazu von der tausendjährigen Militärgeschichte des Mittelmeerraums und des Maltesischen Archipels zu erzählen.

Adresse Triq Nofs in-Nhar 70 (South Street), Valletta, Malta | **ÖPNV** Kastilja (Bus 133) | **Öffnungszeiten** Mo–Fr 9–13 und 16–19 Uhr, Sa 9–13 Uhr | **Tipp** Unter der Hausnummer 26 der nahen Triq Ir-Repubblika (Republic Street) ist der Agenda Bookshop eine der am besten bestückten Buchhandlungen in Valletta, mit vielen Büchern auf Englisch und in anderen Sprachen.

90_Die Gallariji

Der heimliche Blick vom Balkon

Ob man sich in Kairo oder Marrakesch, Algier, der Zisa von Palermo, in der Aljafería von Saragossa oder in den alten Gassen im Zentrum von Granada aufhält: In allen großen und kleinen Straßen der Städte mit arabischem Einfluss – und allgemein allen, die in den wärmsten Monaten von der Sommerhitze heimgesucht werden – finden sich kleine Holzbalkone, manchmal von verzierten Holzgittern verschlossen, die kuriose geometrische, häufig sehr aufwendige Formen aufweisen.

Masharabiyya ist der arabische Name für diese durchbrochenen Paravents, durch die die Frauen das Geschehen auf den Straßen im Blick hatten, ohne selbst gesehen zu werden, und die die nach außen geöffnete Fläche des Hauses verringerten, um so mehr Luft zirkulieren zu lassen. Derselbe Name, der ursprünglich nur die Trennwände bezeichnete, wurde dann gewohnheitsmäßig auch für die kleinen Balkone verwendet, die in der mediterranen Welt so allgegenwärtig sind.

Die *gallariji* (der Name dieser Balkone auf Malti) zieren große und kleine, alte und moderne Häuser in Valletta wie in anderen kleineren Städten auf Malta und Gozo. Zahllose Straßen werden von nebeneinanderstehenden Häusern mit ihren *gallariji* in bunter Folge gesäumt. Ein Anblick voller Anmut und Stil, auch weil die Farben glücklicherweise nie grell sind: Blau, Indigo, Grün, Ockergelb, Rotbraun …

An noblen Anwesen präsentieren sich die Gallariji entsprechend prätentiöser und barocker, bei einfachen Häusern schlichter, aber stets elegant. Die Balkone, in denen man im Winter vor Wind geschützt sitzt und durch das Glas auf die Straße schaut (manche stellen auch ihr Basilikum hinein), während man im Sommer durch die angelehnten Fenster kühlende Luft empfängt, sind in Malta nie aus der Mode gekommen. Im Gegenteil: Sie sind zum ästhetischen Symbol für maltesische Kultur geworden, wie die hellblauen Türen der Häuser auf den griechischen Inseln mit ihren allgegenwärtigen Katzen oder die Giebeldächer der Renaissancestädte in Belgien und den Niederlanden.

Adresse an vielen Orten des Archipels, etwa in Triq Sant Ursula und Triq il-Repubblika, Valletta, Malta | Tipp Einige der neuen Boutique Hotels bieten Zimmer mit gallariji, etwa das St John, Triq il-Merkanti 176 (Merchants Street).

91_Der Haken von Valletta

Merkwürdige Seemannsbräuche

Man weiß, dass Matrosen seit jeher ungemein abergläubisch sind und eine Reihe von vertrackten Verhaltensweisen und Phobien entwickelt haben, die zum Gutteil auf die größten Snobs unter den Seglern von heute übergegangen sind: Die Farbe Grün bringt Unglück, einen Regenschirm an Bord zu nehmen vielleicht noch Schlimmeres, wie auch Pfeifen, die Änderung des Schiffsnamens oder das Hieven der Anker an einem Freitag. In Valletta gibt es ein kurioses Objekt zu bewundern, das für den Ahnungslosen nahezu unsichtbar ist, aber mit vollem Recht seinen Platz auf der Liste der Seemanns-Skurrilitäten beansprucht. Auf der Triq San Ġwann (St John's Street), nahe der Kreuzung mit der Triq il-Merkanti (Merchants Street), ragt eine Metallöse aus einer Gebäudemauer. Es könnte sich um eine Verankerung für Flaschenzüge und Seilwinden handeln, mit denen man die Glocken auf die Türme der Konkathedrale hinaufzog. Aber für die Matrosen hat die Öse seit der viktorianischen Epoche eine tiefere Bedeutung. Wer es von ihnen ohne Hilfe schaffte, sich durch die Windung zu schlängeln (die die Malteser »ganċ«, »Haken«, nennen), war zweifellos für eine rasche Beförderung und eine großartige Karriere auserkoren.

Angeblich war der gefeierte Admiral Horatio Nelson einer der Ersten, die ihr Glück am Haken versuchten. Sein (amtlich nicht belegter) Versuch war auch gleich ein Volltreffer, wobei ihm seine niedrige Statur und sein schmächtiges Wesen zupasskamen. Aber der Brauch hat sich bis heute erhalten, und in den Archiven des maltesischen Sitzes der Royal Navy Association finden sich Fotos von Offizieren, die sich in Uniform bemühen, ihre Schultern (eine nach der anderen) durch die Öse aus dunklem Metall zu zwängen. Wenn Sie es selbst mal ausprobieren möchten, sollten Sie sich statt eines Matrosen einen Höhlenforscher zur Hilfe nehmen, der es gewohnt ist, seinen Körper durch enge und unbequeme Gänge zu bewegen. Tief durchatmen und konzentrieren, dann zuerst mit einem Arm und einer Schulter hindurchgleiten. Lassen Sie sich vielleicht von einem Freund helfen, damit Sie nicht mit dem Gesicht nach vorn auf den Bürgersteig aufschlagen …

Adresse Triq San Ġwann, Valletta, Malta | ÖPNV Gang (Bus 133) | Tipp In derselben Straße bewahrt die franziskanische Kirche von Santa Marija ta' Ġieżu ein wundersames Kruzifix, das im 17. Jahrhundert von einem Mönch mit sizilianischen Ursprüngen, Innocenzo Da Petralia, in Stein gehauen wurde.

92__Die Kirche St Paul's Shipwreck

Die Säule, die aus Rom stammt

Von Caesarea lief das Schiff mit dem heiligen Paulus an Bord Sidon, Zypern und Kreta an. Nun sollte es Kurs auf Rom nehmen, aber ein furchtbarer Sturm erhob sich auf dem Mittelmeer und ließ es tagelang abdriften, bis es die maltesische Küste und die spitzen Felsen an den Ausläufern der Saint Paul's Bay erreichte, die noch heute den Namen des Apostels tragen. Nachdem Paulus glücklich an Land gegangen war, vollbrachte er viele Wunder auf der Insel und reiste nach einigen Monaten über Syrakus, Reggio und Pozzuoli nach Rom weiter. Nach zwei Jahren in Rom, in denen ihn die Behörden Kaiser Neros nicht aus den Augen ließen, wurde der zukünftige Heilige schließlich am 29. Juni des Jahres 67 nach Christus, genau wie angeblich auch der heilige Petrus, zum Tod durch Köpfen entlang der Via Ostiense verurteilt (eine fast »gnädige« Hinrichtungsart, die nur römischen Bürgern vorbehalten war).

Der kurze Aufenthalt des Paulus auf Malta ist von den Christen des Archipels immer schon Gegenstand inbrünstiger Verehrung gewesen, die ihm auf der Insel geweihten Kirchen und Heiligtümer sind unzählig, und er selbst ist Schutzpatron der Nation geworden.

Im Zentrum von Valletta ist die Kirche St Paul's Shipwreck mit dem Chor und der Kuppel aus dem 16. Jahrhundert von Lorenzo Gafà eine der ältesten. Sie beherbergt eine hölzerne Statue aus dem Jahr 1657, die am 10. Februar anlässlich des Jahrestags des Schiffbruchs in einer andächtigen Prozession durch die Straßen von Valletta getragen wird. In der Kapelle rechts vom Hauptaltar wird eine Reliquie, der Teil des rechten Handgelenks des heiligen Paulus, aufbewahrt, und in einer Vitrine kann man einen Rest der Marmorsäule mit einer Darstellung des Heiligenkopfes sehen. Laut der Tradition handelt es sich um den Block, auf den Paulus von Tarsos würdig sein Haupt legte, bevor er von seinem römischen Henker enthauptet wurde. Das Fragment wurde der maltesischen Kirche von Pius VIII. im Jahr 1818 gestiftet.

Adresse Triq San Pawl 74 (St Paul Street), Valletta, Malta | ÖPNV Gang oder Nawfragju (Bus 133) | Öffnungszeiten täglich 7–18 Uhr, www.thechurchinmalta.org | Tipp Auch wenn sie klein und eher unzeremoniös daherkommt, soll die Pizzeria Vecchia Taranto (Triq San Pawl 279) nach Meinung vieler die beste Pizza auf der Insel backen.

93__Das Kriegsmuseum

Ein brandheißer 15. August

Unterhalb der alten Gewölbe aus dem 16. Jahrhundert in einem der Säle des Kriegsmuseums im Fort Sant'Elmo hat man plötzlich das Gefühl, in ein Computerspiel einzutreten: Auf einem Bildschirm zu unseren Füßen folgen wir, zwischen Explosionen und Torpedos, dem Kielwasser von Kriegsschiffen, U-Booten und Bombern. Die Tafeln an den Wänden und die Erinnerungsstücke erzählen von der Operation Pedestal, dem außerordentlichen Aufgebot aus Marine und Luftwaffe, das die britische Admiralität 1942 zusammenstellte, um den Maltesern Vorräte und Nachschub zukommen zu lassen, damit sie der seit dem 11. Juni 1940 andauernden deutsch-italienischen Belagerung weiterhin standhielten.

Die fast 40 Schiffe verließen Großbritannien Anfang August und passierten Gibraltar am 9. des Monats. Von dort an rief der beeindruckende englisch-amerikanische Konvoi die Reaktion der Achsenmächte hervor, die in den Tagen darauf 13 alliierte Schiffe versenkten, darunter neun Handelsschiffe.

Trotz der ununterbrochenen Angriffe, der Bombardierungen, der U-Boot-Attacken und der versenkten Schiffe – die man detailliert auf den Videos im Saal nachverfolgen kann – erreichte der Konvoi schließlich nach sechs Tagen den Hafen von Valletta, wo die Ankunft des arg gebeutelten Tankschiffs »Ohio« mit seiner Ladung von 12.000 Litern Treibstoff, die den Energiebedarf der Insel stillen sollte, von den triumphalen Klängen des »Rule Britannia« der maltesischen Band in Gardeuniform begrüßt wurde.

Der 15. August, Tag der Ankunft der alliierten Schiffe, wird seitdem auf der ganzen Insel als das Ende der zweiten Belagerung von Malta gefeiert. Der Name des Rettungskonvois wurde natürlich angesichts des Feiertags der Mariä Empfängnis auf den Namen Konvoi der Santa Marija getauft. Die große Seeschlacht, die das Mittelmeer mit Blut tränkte und Hunderte Tote sowie den Abschuss Dutzender Flugzeuge auf beiden Seiten forderte, wird in Italien immer noch als »Battaglia di Mezzo Agosto« erinnert, »Die Schlacht vom 15. August«.

Adresse Triq il-Fontana, Valletta, Malta www.maltaatwarmuseum.com | ÖPNV Iermu (Bus 133) | Öffnungszeiten im Sommer 9–18 Uhr, im Winter 9–17 Uhr | Tipp Unweit vom Eingang des Forts und des Museums bietet Malta Experience ein Multimediaspektakel aus 7.000 Jahren maltesischer Geschichte (St Elmo Bastions, www.themaltaexperience.com).

94__Lascaris War Rooms

Im Bunker der großen Schlachten

Kehrt man dem Brunnen der Barrakka Gardens den Rücken zu, führt ein langer Abstieg aus breiten Freitreppen und engen Stufen zu einem der geheimsten Orte Maltas während des Zweiten Weltkriegs. Durch einen Tunnel, der sich mitten durch den Felsen von Valletta bohrt, gelangt man zum Komplex der Lascaris War Rooms, die Sitz des britischen Hauptquartiers waren – auch wenn sie ihren Namen einem ehemaligen Großmeister verdanken. Nachdem man einen kleinen Laden passiert hat, der alle (Hobby)historiker des Mittelmeerkrieges ansprechen wird (und für die weniger Interessierten einen Kaffee bereithält), gelangt man in die sehr weitläufigen unterirdischen Räume, die aufgrund ihrer Tiefe und aus Sicherheitsgründen künstlich belüftet wurden.

In diesem Tunnelsystem waren der Sitz des Kontrollraums der Royal Air Force, ein Zentrum für Radar und Kommunikation (deren ausgestellte Gerätschaften heute aufgrund ihrer Schlichtheit beeindrucken), die Koordinationszentrale aller Flugabwehrstellungen und eine Abteilung für die Verschlüsselung untergebracht. Aber vor allen befand sich hier ein großer Kommandosaal, von dem aus Schritt für Schritt die Operation Judgement (der Luftangriff auf Tarent am 11. und 12. November 1940) und die Schlacht von Kap Matapan (Kap Tenaro) im März 1941 geleitet wurden.

Vor einer imposanten Karte ganz Siziliens verbrachten der General Dwight Eisenhower, der Admiral Andrew Cunningham, der Marschall Bernard Montgomery und der leitende Kommandant der britischen Luftwaffe Arthur Tedder im Juli 1943 lange Tage in diesem Gewölbe, um die Operation Husky durchzuführen, die Landung der Alliierten in Sizilien. Für einen kurzen Zeitraum dienten die Lascaris War Rooms als zurückgezogenes Hauptquartier für alle alliierten Truppen in Süditalien. Nach dem Krieg wurden die Räume von der britischen Marine und der NATO genutzt, dann aber nach und nach aufgegeben, um heute einen der beeindruckendsten Orte der Geschichte der jüngeren Vergangenheit auf Malta darzustellen.

Adresse St James Ditch, Valletta, Malta | ÖPNV Kastilja (Bus 133). Der Eingang befindet sich unterhalb der Upper Barrakka Gardens: Man kann im Stadtzentrum aussteigen und dann mit dem Barrakka Lift hinauffahren. | Öffnungszeiten täglich 10–17 Uhr, letzter Einlass um 16.15 Uhr, www.lascariswarrooms.com | Tipp An der Uferpromenade (Xatt Lascaris) kommt man am Terminal der Fähren vorbei, die Valletta mit Birgu verbinden, eine hervorragende Gelegenheit für eine Fahrt durch den Grand Harbour (www.vallettaferryservices.com).

95__Das Mahnmal der Belagerung

Die Mittagsglocke

Zur Mittagszeit erfüllen die Schläge einer großen Glocke den Himmel und die Straßen Vallettas mit einem feierlichen Klang, der an die Gefallenen während der Belagerung Maltas im Zweiten Weltkrieg erinnert. Die Glockenschläge stammen aus dem Mahnmal, das im neoklassizistischen Stil von dem britischen Bildhauer Michael Sandle entworfen und 1992 an der äußersten Spitze der Kastilischen Bastion unterhalb der Grünfläche der Lower Barrakka Gardens errichtet wurde.

Der Sockel weist die Form des Georgskreuzes auf, das George VI. der Insel Malta 1942 verliehen hat, während die im Inneren des kleinen Rundtempels am Ende der Freitreppe befindliche Glocke sehr an eine der majestätischsten und berühmtesten deutschen Glocken des Doms zu Erfurt in Thüringen erinnert. 1497 vom Holländer Geert van Wou gegossen, ist die »Gloriosa« im Mittelturm der Marienkirche heute noch ein riesenhaft anmutendes Instrument. Mit ihrer Höhe von über zwei Metern bringt sie es auf 256 Zentimeter Durchmesser und wiegt mehr als elf Tonnen, ein echter Koloss und ein ewiges Zeugnis für die Kunst der Gießmeister der Renaissance. Sie erzeugt einen lang anhaltenden Ton mit einem sehr besonderen Timbre, das sie für die Experten als Bourdon-Glocke ausweist (die tiefste Glocke, die den Basiston für ein Geläut gibt). Beim Guss der Mahnmalglocke von Valletta 1992 durch die englische Firma John Taylor & Co. Founders von Loughborough wurde penibel darauf geachtet, den Klang der *»omnium campanarum regina«* (»Königin aller Glocken«) von Erfurt zu imitieren. Auf der Bronze wurden die Worte eines Psalms eingraviert: *»Obumbrasti super caput meum in die belli«*, übersetzt: »Du spendetest Schatten meinem Haupt in den Tagen des Krieges«. Nach ihrem Transport auf die Insel ist die Glocke heute die größte und schwerste auf Malta, und ihr Klang ertönt jeden Tag aufs Neue über das geschäftige Hafenbecken, wo früher Kriegs- und Handelsschiffe festmachten, die unter tausend Gefahren und Kämpfen die Kais von Valletta erreichen mussten.

Adresse Lvant 32, Il-Belt Valletta, Malta | **ÖPNV** Imgerbeb (Bus 133) | **Öffnungszeiten** immer geöffnet, die Glocke erklingt jeden Tag um 12 Uhr mittags | **Tipp** Zwischen den Beeten der nahen Lower Barrakka Gardens erinnern Statuen an die ungarische Revolution von 1956, den Prager Frühling und an Giuseppe Garibaldi.

96 Die Medaille von König George

Ein Kreuz auf der Fahne

»Zu Ehren seines mutigen Volkes verleihe ich der Inselfestung Malta hiermit das Georgskreuz zum Zeugnis seines Heldentums und seiner Hingabe, die in der Geschichte noch lange erinnert werden.« Unterschrieben von George VI., König des Vereinigten Königreichs und Kaiser von Indien sowie Vater von Elisabeth II.

Diese Worte schrieb der britische Monarch auf das Pergament, das die Ehrung begleitete, und händigte es am 15. April 1942 dem Gouverneur einer Insel aus, die durch Bombardierungen und die Belagerung durch die deutschen und italienischen Truppen am Ende ihrer Kräfte war.

Das Schreiben des Königs und die Medaille – die seit ein paar Monaten in der britischen Tradition die Empire Gallantry Medal aus dem Jahr 1922 abgelöst hatte – beantwortete der Gouverneur der Insel und Veteran der Burenkriege Sir William Dobbie mit nur einer Zeile: »Mit Gottes Hilfe wird Malta nicht fallen, sondern standhalten, bis der Sieg errungen ist.«

In einem Saal des Kriegsmuseums im Fort Sant'Elmo befindet sich zwischen Fotos der Zeit und Kriegssouvenirs ein dunkler Schaukasten mit dem unscheinbaren Georgskreuz, seinem Etui und dem wohl von königlichen Händen auf einer mit edlem Leder überzogenen Schreibtischfläche im Buckingham Palace verfassten Brief.

Die kleine Medaille in Kreuzform, deren Verleihung die Insel erst Monate später, im September 1942, gebührend feiern konnte, nachdem neben der Ehrung und dem noblen Schreiben auch einige Schiffe mit Nachschub, Benzin und Munition angekommen waren (siehe Ort 99), ist heute für jeden sichtbar: In der linken oberen Ecke der maltesischen Flagge, die aus zwei vertikalen Streifen, weiß und rot, besteht, kann man ein kleines dunkles Kreuz mit roter Umrandung erkennen, das heute noch integraler Bestandteil der Flagge des kleinsten Mitgliedsstaats der Europäischen Union ist.

Adresse Triq il-Fontana, Valletta, Malta www.maltaatwarmuseum.com | **ÖPNV** Iermu (Bus 133) | **Öffnungszeiten** im Sommer 9–18 Uhr, im Winter 9–17 Uhr | **Tipp** Westlich vom Fort Sant'Elmo, in der Bucht von Marsamxett, liegt das britische Schiff »Maori«, das 1942 im Grand Harbour versenkt und später an den heutigen Platz geschleppt wurde. Jetzt ist es ein beliebtes Tauchziel.

97_Misraħ ir-Repubbblika

Victoria und die maltesischen Spitzen

Die Statue der beliebtesten Königin mitten auf dem Platz der Republik …

Im Herzen von Valletta steht die Statue von Victoria, die wachsam und steinern das Kommen und Gehen Dutzender geschäftiger Kellner beobachtet. Hier, wo sich früher ein Denkmal für den Großmeister António Manoel de Vilhena befand (das jetzt nach Floriana auf den nach Papst Johannes XXIII. benannten Platz umgezogen ist), wurde 1891 zum 50-jährigen Thronjubiläum diese Marmorstatue der Monarchin aufgestellt. In jener Zeit wurde dem Platz der Name Queen's Square oder für die Malteser Pjazza Regina verliehen.

Die vom sizilianischen Künstler Giuseppe Valenti geschaffene Statue wurde jüngst restauriert, um sie von der Patina der Zeit und den Spuren despektierlicher Tauben zu säubern.

Wenn man sich das Antlitz Victorias genau anschaut, die Tochter der deutschen Prinzessin Victoire von Sachsen-Coburg-Saalfeld und des Prinzen Edward war, dann entdeckt man, dass diese maltesische Version des Porträts eine symbolische Bande mit dem Archipel aufweist.

So ziert das Galakleid der Herrscherin eine hauchfeine Schicht aus Spitzen, die eines der handwerklichen Exzellenzerzeugnisse der Inseln waren (und immer noch sind). Eine weit entfernt lebende britische Monarchin also, die in ihrer Garderobe feine mediterrane Klöppelarbeiten hängen hatte. Um sich ihren Untertanen erkenntlich zu zeigen oder aufgrund einer persönlichen Vorliebe? Wir wissen nur, dass sie bei den maltesischen Stickerinnen »acht Dutzend Paar langer Handschuhe und acht Dutzend Paar kurzer Handschuhe sowie einen Schal« in Auftrag gab, um die Spitzentradition wiederzubeleben, »sodass die Ärmsten in der Lage sind, ein Auskommen für ihre Existenz zu erhalten«.

Trotz der etwas blasierten Erklärung haben die Malteser diese Geste sicherlich geschätzt. Aber ebenso sicher ist auch, dass sie die rasche Umbenennung des Platzes am 13. Dezember 1972 im Gefolge der Unabhängigkeitserklärung als Hommage an die neu gegründete parlamentarische Republik mit einem gewissen Behagen quittiert haben dürften.

Adresse Misraħ ir-Repubblika (Republic Square), Valletta, Malta | ÖPNV Kristofru (Bus 133) | Tipp Nur einige Meter von hier liegt die berühmte Konkathedrale von St John's, die Sie besuchen sollten, um einen Gesamteindruck zu erhalten und die Gemälde des Caravaggio im Oratorium zu bewundern (Mo–Fr 9.30–16.30 Uhr, Sa 9.30–12.30 Uhr).

98_MUŻA

Die Kunst auf den Wogen des Mittelmeers

Von den Gipfeln des felsigen Olymps waren die Musen jahrhundertelang Inspirationsquelle und Wahrerinnen der Künste, der Schönheit und der Kreativität. Auch auf Malti meint das Wort *muża* nicht zufällig Inspiration.

Mit dem Jahr 2018, als Valletta zur Europäischen Kulturhauptstadt gekürt wurde, hat der Begriff MUŻA noch eine andere Bedeutung erhalten, die ebenfalls in der Welt der Kunst und der Kultur verankert ist. Denn seine Buchstaben sind das Akronym für Mużew Nazzjonali tal-Arti, also Nationalmuseum der Schönen Künste. Das neue Museum ersetzt seinen Vorgänger, das Fine Arts Museum, und wird von der spektakulären barocken Kulisse der Auberge d'Italie, dem früheren Haus der italienischen Ritter des Ordens, beherbergt, was den Anspruch des neuen Hauses sehr klar ausdrückt: die Funktion und die Rolle einer Kunstausstellung im europäischen und mediterranen Rahmen neu zu denken.

Vier Schlüsselbegriffe wollten die Planer mit dem neuen Museum assoziieren: Mittelmeer, Europa, Herrschaft und Künstler. Ausgehend von diesen Grundkonzepten kann man verschiedenen roten Fäden im Ausstellungsparcours folgen, was die klassischen chronologischen Anordnungen zugunsten neuer Interpretations- und Vertiefungsmöglichkeiten überwindet. Dahinter steht die Überzeugung, dass die im MUŻA ausgestellten Werke integraler Bestandteil des Erbes der maltesischen Gemeinschaft sind, die zum Aufbau einer nationalen und kulturellen Identität beigetragen hat, deren Ursprünge, Künstler und Sujets freilich nicht immer der Insel verpflichtet sein müssen.

Ein sicherlich komplexes und ambitioniertes Unterfangen, das Frucht der Zusammenarbeit von Kunstexperten, Architekturbüros und PR-Agenturen ist und zur Neugeburt der größten maltesischen Kunstsammlung geführt hat. Eine Philosophie im Umgang mit Kunst, die sich der Moderne öffnet und mit Ausstellungen und temporären Initiativen europäischen Maßstabs aufwartet. All dies in einem alten Palazzo, der ein Vorbild für nachhaltiges, umweltfreundliches Bauen geworden ist.

Adresse Auberge d'Italie, Triq Il-Merkanti (Merchants Street), Valletta, Malta | **ÖPNV** Kastilja (Bus 133) | **Öffnungszeiten** einsehbar auf www.muza.heritagemalta.org | **Tipp** Am Platz neben dem Museum steht das Denkmal des Gründers von Valletta, des Großmeisters Jean Parisot de La Valette, in der Hand eine Pergamentrolle mit den Plänen zur Gründung der Stadt.

99_Die öffentlichen Toiletten der Strait Street

Wie im Kabarett

Alle Touristen kennen das: Unterwegs trinkt man hier und erfrischt sich dort, und früher oder später kann eine Toilette sich als sehr nützlich erweisen. In Valletta ist die Suche nach öffentlichen WCs zum Glück nicht allzu schwierig (vor allem nach den Restaurierungen und Sanierungen der letzten Jahre), aber man sollte es sich verkneifen, bis man die Kreuzung Strait Street und Old Theatre Street erreicht hat.

Diese Gegend war früher ziemlich verrufen und reich an Kabaretts, Music Halls und anderen, oft sehr zwielichtigen Lokalen. Nach der allmählichen Schließung der alten Etablissements haben sich viele Restaurants, Cafés und Läden angesiedelt und Anlass zu einem sehr eigenwilligen Projekt gegeben.

Der Malteser Architekt Chris Briffa bemerkte 2009 die geringe Anzahl öffentlicher Toiletten in der Stadt und schuf fünf neue, die neben den klassischen Dienstleistungen auch einen Bereich für Kunst aufweisen sollten. Sein Projekt stieß rasch auf Interesse, sodass nun mit Hilfe von Privatleuten und des Künstlers Norbert Attard das erste öffentliche Kunst-WC in der Strait Street eingeweiht werden konnte.

Wer die enge Straße entlanggeht, bemerkt den Eingang sofort: Er erinnert eher an den eines Clubs oder Lokals als an den einer Toilette. Das kleine Foyer wird von einem großen Spiegel dominiert und von einem Beamten mit Anzug und Krawatte im Stil der 1920er Jahre beaufsichtigt. Auch an die Vorhänge und die Neonleuchten im Stile amerikanischer Music Halls wurde gedacht, und häufig werden in diesem kleinen Vorraum Bilder oder moderne Kunstwerke ausgestellt.

Denn wie der Urheber des Projekts schrieb: »… dies ist nicht nur ein innovativer Ort für die moderne Kunst in der Stadt, sondern auch eine Chance, ein großes Publikum mit moderner Kunst vertraut zu machen, vielleicht auch Menschen, die normalerweise keine Ausstellungen oder Kunstmuseen besuchen würden.«

Adresse Strait Street, Valletta, Malta | ÖPNV Kristofru (Bus 133) | Öffnungszeiten ganztägig, So geschlossen | Tipp Gute Küche in einem altehrwürdigen Lokal. Bei Papannis unter der Hausnummer 55, Strait Street, kommen maltesische Gerichte, guter Wein und die Erzeugnisse einer ordentlichen italienischen Küche auf den Tisch.

100__Das Parlament von Renzo Piano

Archi-Stars und Spitznamen

In der ganzen Welt werden die Werke großer Architekten mit Spitznamen belegt. Manche sind originell, wie das »Bügeleisen« des Flatiron Building in Manhattan, oder Zeugnis der Zuneigung der Bewohner wie das Gebäude in der Fenchurch Street in London, besser bekannt als »Walkie-Talkie«. Ironie und großstädtische Gelassenheit gegenüber der Bedeutung kolossaler Gebäude, die im Guten wie im Schlechten die Skylines der Metropolen geprägt haben. In geringerem Maßstab hat sich auch der Zugang zu den Gassen Vallettas drastisch verändert. Im Fall der maltesischen Hauptstadt war der Urheber ein großer Architekt oder Archi-Star, wie man heute die prominentesten Vertreter der Zunft bezeichnet. Renzo Piano (der auch für das »Shard« in London verantwortlich ist) hat zusammen mit seinem Building Workshop dem Eingangsbereich zur Altstadt ein völlig neues Gesicht verliehen.

Das Projekt des Valletta City Gate umfasste die Neuordnung des imposanten Burggrabens zu Füßen der Stadtmauer, das Open-Air-Theater in den Ruinen des Royal Opera House und das neue maltesische Parlament und beansprucht, die Formen der Vergangenheit mit denen der Gegenwart zu verschränken. In den Worten Pianos: »Die Architektur des neuen Stadttores ist sehr ›zurückhaltend‹, schlicht. Die riesigen, von Stahlwänden begrenzten und eingerahmten Steinblöcke, welche die Verbindung zwischen Alt und Neu bezeichnen, und die beiden Stahlmasten, jeder 25 Meter hoch, genügen, um diese Bresche in der Mauer zu charakterisieren.« Die Blöcke der Parlamentsgebäude, die durch einen Innenhof getrennt werden, scheinen auf ihren schmalen Pfeilern zu schweben, was dem Ganzen eine luftige und leichte Note verleiht. Die 2010 begonnenen Arbeiten wurden fünf Jahre später mit der ersten Parlamentssitzung am 4. Mai 2015 abgeschlossen. Alles okay also? Nicht ganz: Auch in diesem Fall waren die Malteser Zeitungen voll der Ironie über das sündhaft teure Projekt. Und das Parlament wurde mit einem Taubenschlag verglichen …

Adresse Triq l-Ordinanza, Valletta, Malta | **ÖPNV** Kastilja (Bus 133) | **Öffnungszeiten** Im Erdgeschoss ist eine Dauerausstellung zum Bauvorhaben zu besichtigen, www.parlament.mt | **Tipp** Im nahen St John's Cavalier lockt das Maltese Villages and Crafts Exhibition mit vielen kunsthandwerklichen Objekten und Souvenirs (täglich 12–22 Uhr).

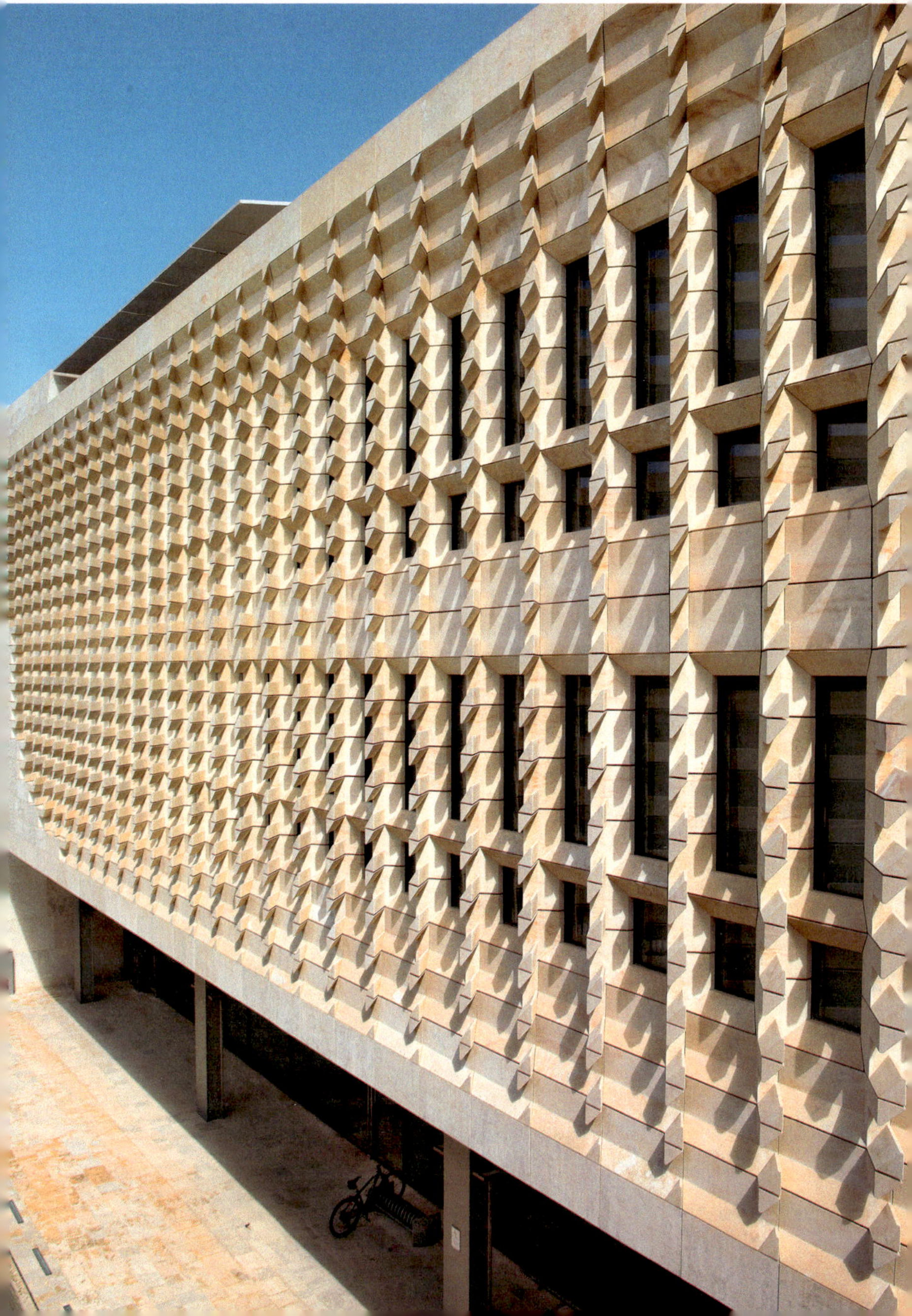

101_The Pub

Das letzte Bier von Oliver Reed

Als Charakterdarsteller (manchmal hart am Limit der Karikatur), Freund und Mitarbeiter des Regisseurs Ken Russell und großer Trinker ist Oliver Reed in Dutzenden Filmen aufgetreten. Er war in den Fernsehredaktionen gefürchtet. So schüttete ihm die Schauspielerin Shelley Winters (Gewinnerin von zwei Oscars) während der »Tonight Show« ein Glas Wasser über den Kopf, um ihn zu beruhigen.

Trotz seines Rufs als Störenfried und Radaubruder, der ihm nicht eben wenige Probleme beschert hatte, war Oliver Reed in den Worten von Glenda Jackson, seiner Kollegin in »Liebende Frauen« (»Women in Love«): »Absolut professionell. Wenn er sich vor der Kamera befand, hatte er nur die Arbeit im Sinn.«

1999 war Reed für die Dreharbeiten des Films »Der Gladiator« von Ridley Scott auf Malta. Im Streifen spielt er Antonius Proximus, einen ehemaligen Gladiator, der am Ende vom Kaiser getötet wird, weil er die Flucht des Maximus Decimus Meridius zugelassen hatte. Am Abend des 2. Mai desselben Jahres, nachdem er einen Wettbewerb im Armdrücken gegen einige Matrosen des britischen Schiffs HMS »Cumberland« gewonnen und zahllose Biere, Rums und Whiskys intus hatte, fühlte Reed sich schlecht und verstarb leider nur einige Minuten später.

Das kleine und sehr britische Lokal The Pub neben den Mauern des Großmeisterpalastes ist so zum Ort seiner Erinnerung geworden. Die Betreiber, seit Jahrzehnten hier zu Hause, haben den Pub mit zahlreichen Fotos von ihm geschmückt und verkaufen auch Gadgets des unglücklichen Schauspielers. Glenda Jackson, die mit den Alkoholproblemen Reeds während seiner langen Karriere vertraut war, sagte über ihn: »Es tut mir sehr leid, dass er von uns gegangen ist, aber vermutlich hat er sich gewünscht, dass es so geschehe …« Eine traurige Geschichte, wie sie für einen guten Film taugt, der in einem Lokal im Stadtzentrum spielt, das jahrhundertelang von rauflustigen Matrosen aus aller Herren Länder aufgesucht wurde.

Adresse Triq L-Arcisqof 136 (Archbishop Street), Valletta, Malta | **ÖPNV** Nawfragju (Bus 133) | **Öffnungszeiten** täglich 12–23 Uhr, Di und Do 11–23 Uhr, Tel. 79052522 | **Tipp** Gegen 10.15 Uhr erfolgt vor der Präsidentenresidenz des Großmeisterpalastes von Misraħ San Ġorġ die Wachablösung mit den Soldaten, die im Parademarsch vom Stadttor kommen.

102__Saluting Battery

Die Kanonen des großen Hafens

Wachablösungen, Salutschüsse, Schwefelgeruch, historische Uniformen und große Rauchschwaden. Hat man alles schon gesehen, werden Sie sagen, im Grunde genommen ist das doch banal, sogar wenig lehrreich. Aber versuchen Sie mal, mit Ihren Kindern an einer Batterie aus dem 19. Jahrhundert vorbeizugehen, die bald eine Salve abschießen wird, um ihnen zu versichern, dass Kanonenschüsse doch im Grunde ein alter Hut sind … Wenn es Ihnen gelingt, dann werden Sie viel Spaß an Ihren Zöglingen auf den Spuren des Mahatma Gandhi haben. Sollten Sie mit Ihren Theorien dagegen vorhersehbare Klagen, Proteste und Hungerstreiks ernten, müssen Sie wohl nachgeben und Ihre Schritte kurz nach 12 Uhr mittags oder um 16 Uhr zur Balustrade der Upper Barrakka Gardens lenken.

Der kleine Garten ist einer der Orte mit der schönsten Aussicht von Valletta und in der Geschichte als »italienisches Belvedere« überliefert, weil die Ritter der *langue d'Italie* sich hier zu treffen pflegten. Um den Brunnen herum erwecken zahlreiche Monumente die Neugier der Passanten: die Büste von Winston Churchill, eine Kopie der *Les Gavroches* von Antonio Sciortino und die Statue von Lord Strickland, der Gouverneur von Tasmania, Western Australia und New South Wales war, um 1927 Premierminister Maltas zu werden.

Aber die Stunde naht: Am besten sollten Sie die Plätze belegen, die von oben auf den Platz der Saluting Battery hinunterschauen. Während der Großen Belagerung war dieser von türkischen Geschützen mit Birgu im Blick bestückt. Nach Jahrhunderten harter Arbeit durften die zeremoniellen Kanonen allerdings in Rente gehen und wurden dank der Stiftung Fondazzjoni Wirt Artna (Malta Heritage Trust) 2004 durch Kopien ersetzt, die genauso gut in der Lage sind, zu den vorgegebenen Zeiten Salven abzuschießen.

Machen Sie sich also bereit, zücken Handy und Fotoapparat, denn jetzt geht es los: Ein sympathischer kleiner Mann in der Uniform der Royal Malta Artillery zieht an der Leine der Kanone, die geladen wurde (mit Platzpatronen). Drei, zwei, eins …

Adresse Upper Barrakka Gardens, Valletta, Malta | ÖPNV Kastilja (Bus 133); Barrakka Lift von Valletta Waterfront | Öffnungszeiten täglich 12 und 16 Uhr | Tipp »Eine Flamme, die nicht stirbt« (*Fjamma li ma tmut qatt*, von Valerio Schembri) ist der Name des Denkmals, das im Frühling 2017 auf dem Castille Place aufgestellt wurde und die ständige Suche der Malteser nach einer besseren Zukunft preist.

103_St James Cavalier

Theater und Kanoniere

Die Große Belagerung von 1565 war gerade wenige Wochen beendet worden und die türkischen Galeeren am Horizont in Richtung Orient verschwunden. Noch war man dabei, das Tedeum zum Dank zu singen, hallten die Festlichkeiten in den Gassen wider, bilanzierte man voller Schmerz die Schäden und zählte die Opfer, da hatten die Ritter bereits die Pläne zum Bau einer noch uneinnehmbareren und mächtigeren Festung als jener beschlossen, die den Waffen des Sultans getrotzt hatte: Valletta. Damals plante man, zur Verteidigung der neuen Stadt gut neun *cavalieri* anzulegen, ein Wort, das in diesem Fall einen Verteidigungsbau innerhalb der Mauern einer Festung meint, sodass man den Feind aus großer Höhe beschießen konnte. Bei der Ausführung wurden es dann aber nur zwei: der St James Cavalier nach Plänen von Francesco Laparelli di Cortona, vollendet 1570 vom Malteser Gerolamo Cassar, und ein gleichartiger, dem heiligen Johannes geweihter Bau auf der anderen Seite des Stadttores. Die in seinem Inneren angelegten Räumlichkeiten dienten rein militärischen Zwecken: lange Flure, Schießscharten und eine Reihe von Rampen für die Fortbewegung der Kanonen. Glücklicherweise kam es zu keinen Belagerungen mehr, sodass der Cavalier im 20. Jahrhundert Sitz einer ganzen Reihe von Strukturen im Dienste der britischen Streitkräfte war, darunter einer Cafeteria.

In den 90er Jahren führte der maltesische Architekt Richard England eine radikale Neuordnung der Innenräume durch, an deren Ende eine imposante Fläche für die Kultur stand. Nach langen Arbeiten und einiger Polemik wurde der Komplex auf den Namen Spazzju Kreattiv (Kreativer Raum) getauft, der heute verschiedene Ausstellungsbereiche, eine große verglaste Halle, die den Mittelteil des Baus mit Licht versorgt, eine Cafeteria, ein Kino und ein Rundtheater im Stil des Globe Theatre in London umfasst. Auf den Bildschirmen werden in dichter Folge Opern aus den großen Theatern der Welt und eine Auswahl von Autorenfilmen projiziert, während im faszinierenden Theaterrund neben maltesischen Stücken auch internationale Erfolge gezeigt werden.

Adresse Pjazza Kastilja, Valletta, Malta | ÖPNV Kastilja (Bus 133) | Öffnungszeiten im Winter Mo 9–17 Uhr, Di–Fr 9–21 Uhr, Sa, So 10–21 Uhr; im Sommer Webseite www.kreattivita.org konsultieren | Tipp An der Kreuzung mit Triq Nofs in-Nhar (South Street) liegt die Kapelle Our Lady of Victories, die erste Kirche von Valletta, die nach der Aufhebung der Großen Belagerung erbaut wurde und reich an Geschichte und Kunst ist.

104__St John's Co-Cathedral

Die Insignien der Meister

Zwischen 1530, dem Jahr der Ankunft der aus Rhodos vertriebenen Ritter auf Malta, bis 1798 zählt man 28 Großmeister, darunter Franzosen, Spanier, Portugiesen, Italiener und Deutsche. Viele von ihnen sind aus unterschiedlichen Gründen in die Geschichte eingegangen. Aber alle haben eine Spur im spektakulären Bau der Konkathedrale von St John (San Ġwann) hinterlassen, die so heißt, weil sie zusammen mit der Kirche San Pawl in Mdina Sitz des Erzbischofs ist.

Maßgeblich bereichert wurde die Kathedrale durch den Brauch, dass die frisch gewählten Großmeister der Kirche des Ordens Kunstwerke schenkten.

Einige der Gaben sind spektakulär – wie etwa die Serie von 29 Wandteppichen des Webers Judocus de Vos, mit der Ramon Perellos y Roccaful sich 1702 einführte, andere weniger beeindruckend, aber immer bedeutsam. Prächtige Grabmäler feiern die Siege und die Herrschaftsjahre einiger Meister in den verschiedenen *langues* (Nationen), in die der Orden aufgeteilt war. Schaut man genauer hin, verraten uns auch die weniger auffälligen Spuren von Nahem viel von der Entwicklungsgeschichte des Baus. Nicolás Cotoner y de Oleza, geboren auf Mallorca und 1663 zum Großmeister als Nachfolger seines Bruders Raphael ernannt, ist in die Geschichte durch den Bau des Fort Ricasoli eingegangen, das den Grand Harbour im Südwesten abschließt, sowie durch die Gründung der Schule für Anatomie und Medizin als Teil des Krankenhauses Sacra Infermeria.

Aber er wollte auch einen Beitrag für die Innendekoration der Kathedrale leisten, deren ganzer Stolz bis dahin die Fresken von Mattia Preti und die Deckenausmalungen waren. Die Urheberschaft dieses Großmeisters könnte hier allerdings fast untergehen, denn er hat nur die beiden Buchstaben N und C hinterlassen, die, umgeben von Kronen und Malteserkreuzen, in Gold auf blauem Hinter grund die Übergänge zwischen einigen Kapellen der Kirche markieren.

Adresse Triq San Ġwann, Valletta, Malta | **ÖPNV** Gang (Bus 133) | **Öffnungszeiten** Mo–Fr 9.30–16.30 Uhr, Sa 9.30–12.30 Uhr, www.stjohnscocathedral.com | **Tipp** Zwischen dem 17. und dem 18. Jahrhundert haben Dutzende Ordensritter (darunter Großmeister und Admiräle) ihre letzte Ruhe unter dem Kirchenschiff und in den Kapellen der Kirche gefunden. Ihre Grabstellen aus bemaltem Marmor werden oft von triumphierenden Engeln, Skeletten und Sensen geschmückt.

105_Das Theater Manoel

Eine beeindruckende Garderobe

Eine große Fassade im Stil der Opéra von Paris oder der Scala von Mailand sucht man vergebens. Nicht einmal ein Beet vor den Türen des Foyers gibt es, und keine schöne gusseiserne Laterne für die letzten Diskussionen von Musikbegeisterten vor dem Nachhausegehen.

Das Theater Manoel di Valletta ist nahezu unsichtbar, vor allem wenn man aus der feuchtfröhlichen Strait Street kommt, jahrhundertelang ein verruchter Ort voller Bordelle für die Matrosen, der sich heute in ein Gässchen mit kleinen Lokalen und angesagten Restaurants verwandelt hat.

Als es eröffnet wurde, herrschte auf Malta noch der Johanniterorden. Die Idee des Großmeisters Antonio Manoel de Vilhena war es, ein Theater für den »ehrbaren Zeitvertreib des Volkes« zu begründen. Man schrieb den Januar 1732, und die erste Tragödie, die auf die Bühne kam – mit den Rittern selbst als Schauspielern –, war »La Merope« von Scipione Maffei, ein Stück, das Voltaire sehr schätzte und das auf der griechischen Mythologie beruht.

Tragödien standen regelmäßig auf dem Programm, bis die Ära der Opera buffa heranbrach, in der das Theater auch von neapolitanischen und palermitanischen Schaustellern bespielt wurde. Auch Maskenbälle fanden statt, allerdings durften die Lichter nach Vorschrift nicht heruntergedreht werden, damit die Teilnehmer nicht etwa auf die Idee kamen, sich den Hof zu machen oder Schlimmeres. Im 19. Jahrhundert bezeugen die Chronisten eine große Vorliebe des maltesischen Publikums für die italienischen Opern, allen voran Rossini, Bellini und Donizetti, die man in den Straßen Vallettas gern weitersang.

Das Manoel mit seinem Museum für die ganz Großen der Oper ist das ganze Jahr über zu besichtigen. Wenn Sie Ihre Freunde beeindrucken wollen, sollten Sie wissen, dass die Garderobe des Theaters (die über 6.000 Kostüme zählt) ihre Schätze zu sehr günstigen Preisen verleiht. Ob Semiramide, Aida, Tosca, Violetta … Sie haben die Wahl!

Adresse Triq it-Teatru l-Antik (Old Theatre Street), Valletta, Malta | **ÖPNV** Kristofru (Bus 131) | **Öffnungszeiten** geführte Besichtigungen Mo–Fr 10–16.30 Uhr, Sa 10–12.30 Uhr, www.teatrumanoel.com.mt | **Tipp** Die Prokathedrale von St Paul's (West Street) wurde 1839 von der Witwe von Wilhelm IV. mit eigenen Mitteln in Auftrag gegeben, da sie keine anglikanische Kirche auf Malta fand. Derzeit wird sie restauriert, aber Sie können im Café sitzen, das in den unterirdischen Räumen eingerichtet wurde (www.theundercroftcafe.com).

106_Der Tod des Dragut

Der größe Pirat aller Zeiten

Man schrieb den 17. Juni 1565. Getroffen von den Splittern eines Artilleriegeschosses, das vermutlich von den Mauern der Festung Sant'Angelo abgefeuert wurde, fiel der berühmt-berüchtigte Admiral Dragut zu Boden, zum Entsetzen aller Türken und Janitscharen, die den Grand Harbour von Malta belagerten.

Er starb wenige Tage später an seinen Verletzungen. Nach Einschätzung von Historikern war sein Verlust ein schwerer Schlag für die Belagerer, die nach dem Fall des legendären Heerführers zu fürchten begannen, den entschlossenen Widerstand der Johanniterritter nicht brechen zu können. Dragut, Bey von Algier, Pascha von Tripolis und Kommandant der Mittelmeerflotten von Suleiman dem Prächtigen, wurde als »der größe Pirat aller Zeiten« bezeichnet, und seine Überfälle hatten den Schrecken in den Häfen und Dörfern des Mittelmeerraums gesät, von Rapallo bis Ponza, von Ägina bis nach Preveza.

In den 2018 eröffneten Sälen des hypermodernen MUŻA, des Nationalmuseums der Künste in der barocken Auberge d'Italie, befindet sich ein Gemälde des maltesischen Malers Giuseppe Calì aus dem Jahr 1867, das den Tod des Dragut darstellt. Auf dem Bild sind wir Zeugen der Erschütterung der Soldaten, die den tödlich verwundeten Admiral umstehen. Erschüttert, weil der Schuss möglicherweise durch einen tragischen Irrtum von den türkischen Linien selbst abgegeben wurde, wie einige Chronisten präzisieren. Der Hintergrund aus Vorhängen und Waffen erinnert an den Stil eines Eugène Delacroix, der wie viele romantische Künstler Szenen aus dem prallen Leben, bunte Märkte und furchtbare orientalische Schlachten zu seinen Sujets zählte.

Das Thema des Gemäldes (die Niederlage der Invasoren) konnte natürlich auf die Gunst der maltesischen Regierung zählen, die es ohne Zögern erwarb, um es in den Waffenkammern des Großmeisterpalastes auszustellen. Dort avancierte es zu einem der bewundertsten und meistzitierten Werke der Insel. Es wird nun in die nahen Ausstellungsräume eines der modernsten Museen der Hauptstadt von Malta umziehen.

Adresse Auberge d'Italie, Triq il-Merkanti (Merchants Street), Valletta | **ÖPNV** Kastilja (Bus 133) | **Öffnungszeiten** täglich 9–19 Uhr, www.muza.heritagemalta.org | **Tipp** Auf der gegenüberliegenden Straßenseite liegt die Auberge de Castille, in der die Büros des Premierministers Maltas untergebracht sind. Die Fassade des Baus wird vom Wappen und der Büste des portugiesischen Großmeisters Manuel Pinto da Fonseca dominiert.

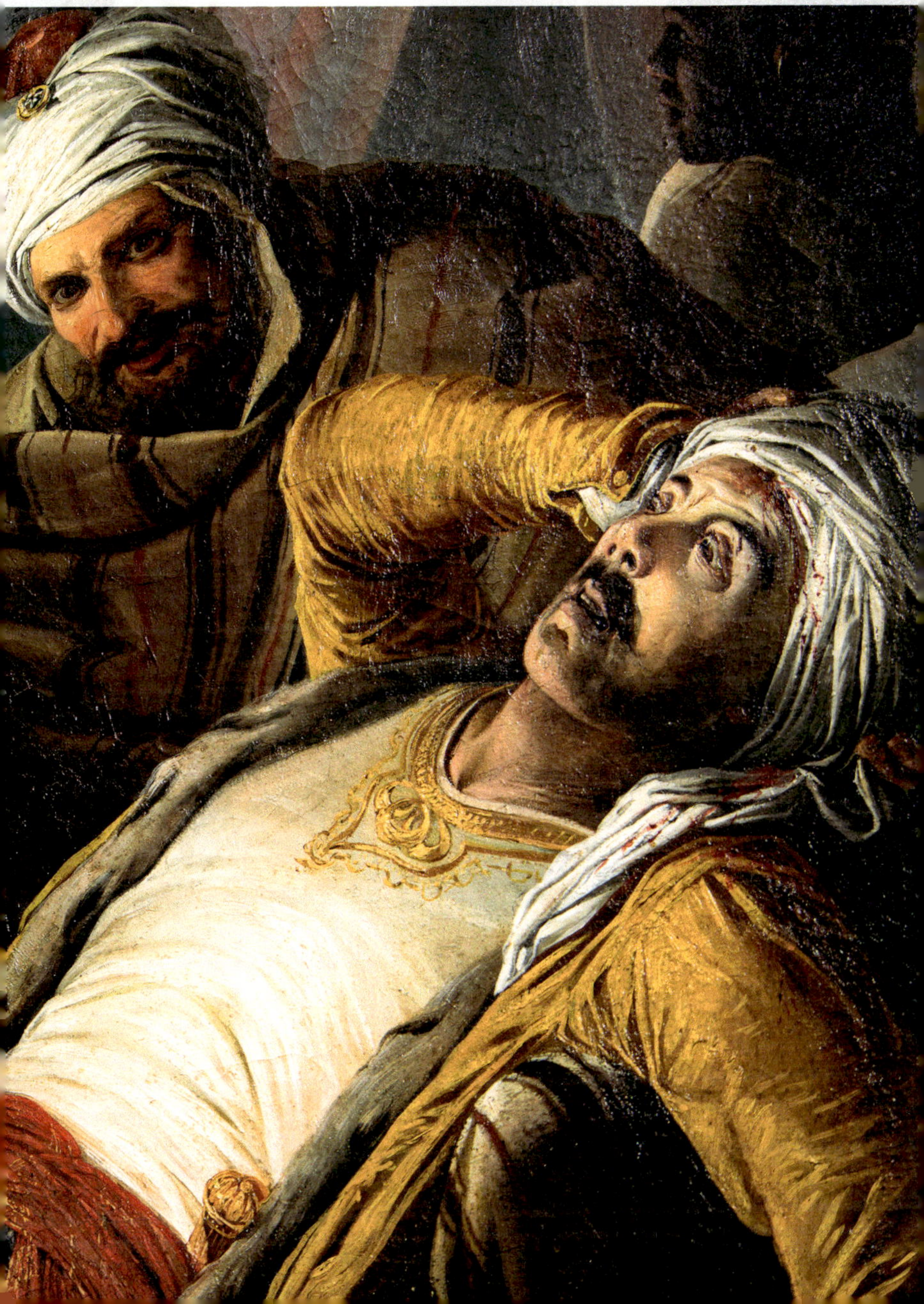

107_Triq Sant Ursola

Die Ursprünge von Corto Maltese

Von den hohen Wellen und der stechenden Sonne des Pazifischen Ozeans bis zum Herzen des Mittelmeers ist es kein kleiner Schritt. Aber ein Schritt, den jeder Fan von Comics und Abenteuergeschichten mindestens einmal im Leben getan haben muss, um zu den Ursprüngen eines der beliebtesten Helden des Genres zurückzugehen.

Der stets in den Rauch einer Zigarette gehüllte, zynische und romantische Corto war einer der großen Abenteurer der Belletristik. In den Zeichnungen seines Erfinders Hugo Pratt ist er seit 1967 ständig auf der Suche nach etwas, seien es Inseln, Schätze oder die Femme fatale.

Aber woher stammt Corto, welche sind seine Ursprünge? Pratt blieb in dieser Frage immer vage und hat die Kindheitsgeschichte seines Antihelden nie ausführlich erzählt. Einige Indizien ließ er sich jedoch in den Seiten seiner Erzählungen entlocken. Seine aufmerksamen Biografen verzeichnen daher, dass Corto am 10. Juli 1887 in Valletta als Sohn eines Seemanns aus Cornwall und einer Zigeunerin aus Sevilla geboren wurde – der *niña* von Gibraltar –, die vielleicht für den Maler Ingres Modell gestanden hatte. Nach einer Kindheit zwischen Gibraltar und Cordoba kehrte Corto nach Malta zurück, wo er einige Jahre unter der wankelmütigen Leitung des Rabbiners Ezra Toledano die Thora und den Talmud studierte. Wo diese Lektionen stattfanden (die wir uns als sehr speziell vorstellen können), wissen wir nicht genau. Ein möglicher Ort wäre die Triq Sant Ursola, die wie eine merkwürdige, leicht gekrümmte Schlange von den Upper Barrakka Gardens absteigt, um dann zur Spitze der Halbinsel hochzuführen. Hier wird an eine Synagoge erinnert, die die Wiedergeburt der hebräischen Gemeinde Maltas bezeichnet hat, und hier lernte Corto vielleicht zu rechnen und einige oberflächliche Kenntnisse der Kabala.

Heute ist es eine ruhige und beschauliche Straße, freilich in unmittelbarer Nachbarschaft zur geschäftigen Triq il-Merkanti, die Spuren ihrer Vergangenheit als Straße der Seemänner, Reisenden, Händler und zweideutiger Hotels bewahrt und einen der schönsten Spaziergänge im Zentrum der maltesischen Hauptstadt verspricht.

Adresse Triq Sant Ursola, Valletta, Malta | ÖPNV Kastilja (Bus 133); Barrakka Lift von Valletta Waterfront | Tipp Die Bridge Bar, in 258, Triq Sant Ursola, organisiert freitags Jazzkonzerte im Freien auf einer kleinen Brücke, die man an (wenigen) kleinen Tischen oder direkt auf den Treppen sitzend verfolgt.

108_Wembley's Store

A very British shop

An seinem Namenstag, dem 23. April 1924, weihte der englische König George V. die British Empire Exhibition im neuen Stadion Londons in Wembley ein und versandte ein Eröffnungstelegramm, das die ganze Welt umrundete und ihm 80 Sekunden später von einem Diener in Livree wieder übergeben wurde. Das passte ins Bild, denn es handelte sich um die Messe der Modernität und des imperialen Stolzes: Die Besucher konnten die Stände der 56 Territorien unter britischer Herrschaft besuchen, die Ausstellungen zur Chemie, Industrie und dem Transportwesen besichtigen und eine Reiterstatue in Lebensgröße des Prinzen von Wales bewundern, die, warum auch immer, von der kanadischen Delegation aus Butter gefertigt war.

Nach der Rückkehr aus London, noch berauscht vom Prunk der Expo, beschloss der junge Malteser Emanuel Gauci, in kurzer Zeit den Wembley Store in Valletta zu gründen, um die Raffinesse und Vielfalt der Produkte des Londoner Alltags in den rauschenden 1920er Jahren auf die Insel zu bringen.

Der Wembley Store wurde rasch ein Erfolg. Zum Glück überstand er die Bombardierungen des Zweiten Weltkriegs, denen das gegenüberliegende Royal Opera House zum Opfer fiel, nahezu unbeschadet. Nach Kriegsende erweiterte sich das Geschäft durch die Leitung des gleichnamigen Sohns Emanuel, der eine Zeit lang im bekanntesten Kaufhaus des britischen Reiches gearbeitet hatte: Harrod's in Knightsbridge.

Seit fast einem Jahrhundert ist der Wembley Store eine feste Wegmarke im Panorama der Geschäfte in Valletta und bietet ein breites Sortiment an Produkten aus Malta und Großbritannien, zusammen mit einer Auswahl von qualitativ hochwertigen Weinen der Insel. All dies in einem Laden, der trotz der geringen Abmessungen immer versucht hat, in seiner Einrichtung, den Möbeln und dem Angebot den größten und berühmtesten Stores zu ähneln, die sich an den weit entfernten und vernebelten Ufern der Themse befinden.

Adresse Triq ir-Repubblika (Republic Street) 305, Valletta, Malta | **ÖPNV** Kastilja (Bus 133) | **Öffnungszeiten** Mo–Fr 7.15–19, Sa 7.45–19, So 10–13 Uhr, Tel. 21225147, www.thewembleystore.com | **Tipp** Genau gegenüber dem Geschäft befand sich das Royal Opera House, das den Bomben 1942 zum Opfer fiel und heute eine von Renzo Piano designte Freilichtbühne ist.

109__Das Wrack der Um el Faroud

Ein künstliches Riff für Fische und Taucher

Ein Schiff, dem das Pech am Bug klebte. Die »Um el Faroud« versenkte sich am 2. September 1998 in der Nähe der berühmten Blue Grotto und des Fjords von Wied iż-Żurrieq selbst. Der in der Werft Smith Dock von Middlesbrough 1969 gefertigte und unter der Fahne einer libyschen Reederei segelnde Öltanker war an einem der Industriehäfen Maltas verankert, als eine fürchterliche Explosion seine Tanks zerriss und neun Hafenarbeiter tötete. Nach der Tragödie war der Schiffskörper für eine Reparatur zu stark verformt, sodass man beschloss, das Schiff aus dem Hafen zu schleppen und es vor der Insel zu versenken, um ein künstliches Riff zu schaffen.

Die nicht gerade glückliche Karriere als Öltanker auf der Erdoberfläche ging zu Ende, aber das Schiff mit seinen 10.000 Tonnen ist eine Unterwasserattraktion geworden. Nicht nur für die Dutzenden professioneller Taucher, die sich jedes Jahr zu ihm herabbegeben, sondern vor allem für die Meerestierwelt: Thunfische, Barrakudas, Kraken und Zahnbrassen schwimmen aus den Türöffnungen ein und aus (die Schotts wurden aus Sicherheitsgründen für die Taucher abgenommen).

Das etwa 110 Meter lange und 16 Meter breite Unglücksschiff liegt in zwei Teilen auf dem Sand des Meeresbodens in etwa 35 Meter Tiefe. Das Steuerruder und der Motor sind noch an ihrem Platz und vollkommen sichtbar. Der Tauchgang zum Wrack ist natürlich nur erfahrenen Tauchern vorbehalten, die von autorisierten Guides begleitet werden, vor allem dann, wenn man die Absicht hegt, ins Innere des untergegangenen Schiffs einzudringen. Für die technischen und detaillierten Informationen zu dieser besonderen Unterwasserreise ist das Buch »Scuba Diving. Malta, Gozo, Comino« von Peter Lemon im Verlag Deltor Ltd sehr nützlich (erhältlich auf der Webseite www.scubadivingmalta.co.uk).

Trotz des tristen Schicksals des Schiffs gilt dieser Tauchplatz unter vielen Unterwasserfans als einer der interessantesten und faszinierendsten des ganzen Mittelmeers.

Adresse 140 Meter südwestlich vom Kap von Wied iż-Żurrieq, Qrendi, Malta | **ÖPNV** Es gibt einen Parkplatz für Taucher am Fuße der Klippe. Verschiedene Tauchverbände organisieren Tauchgänge auf Malta, darunter www.orangeshark.eu. | **Tipp** Sind Sie vom Meer fasziniert, haben aber keinen Tauchschein, können Sie sich mit einem Bootsausflug zur Blue Grotto entschädigen, den man vom Hafen von Wied iż-Żurrieq antritt (nur bei ruhiger See).

110_Xemxija Heritage Trail

Ein Pfad zwischen den Hügeln

Malta ist eine kleine Insel, auf der in den Jahrtausenden zahlreiche Völker lebten, von denen jedes seine Spuren des Alltagslebens hinterlassen hat. Es ist daher fast unmöglich, auf einem Feldweg zu spazieren, ohne auf die Zeichen, Bauten und Reste einer uralten Geschichte zu treffen.

Ein schönes Beispiel für eine solche Wanderung durch die Epochen bietet der Xemxija Heritage Trail, den man leicht von der Strandpromenade von Xemxija erreicht. An der Kreuzung folgt man dem Weg in Richtung der Residence Porto del Sol: Hier steigt die asphaltierte Straße an und führt zum Beginn des gut ausgeschilderten Wanderwegs. Entlang des Pfades, den man am besten in den weniger heißen Stunden des Tages zurücklegt, gelangt man urplötzlich auf einen Straßenabschnitt, den die alten Römer auf einem ehemaligen punischen Handelsweg ausgebaut haben. Es ist der bedeutendste Abschnitt einer römischen Straße auf dem Maltesischen Archipel, der an einer unförmigen Steinmasse vorbeiführt, die trotz ihres natürlichen Aussehens nach Historikermeinung einen Menhir darstellt. Unser Sträßchen verbreitert sich und lädt rechts zu einem Abstecher in Richtung einer von kleinen Öffnungen gesäumten Felswand ein: Es handelt sich um einen römischen Bau, der vermutlich als Unterstand für Bienenstöcke diente. Ab hier spaziert es sich über eine Wegstrecke angenehm im Schatten eines riesigen, sieben Meter im Umfang messenden Johannisbrotbaums, der mit 1.000 Jahren wohl der älteste Baum Maltas ist.

Noch einmal steigt der Weg an, dann gelangt man zu einem ebenen Abschnitt und muss aufpassen: Ein Schild mit der Angabe »Punische Tempel und Gräber« weist nach links an, aber genau hier muss man rechts abbiegen und die Straße verlassen, die sich vor einem öffnet. Nach kurzer Zeit erreicht man weitere Gräber, einen alten Pferch, vormals bewohnte Höhlen und einen Brunnen-Getreidespeicher.

Der Pfad läuft weiter zwischen hellem Kalkstein und schönem Panorama auf die nahen Buchten zu einer Befestigung und prähistorischen Furchen und belegt damit eindrucksvoll, dass es an Wandermöglichkeiten auf Malta wahrlich nicht mangelt.

Adresse Xemxija Heritage Trail, Start bei der Triq ir-Ridott, Xemxija, Malta | ÖPNV Roti (Bus 41, 42, 250, 221, 222, 250) | Tipp Die Bucht von Mistra, nördlich von Xemxija, wird von der Mistra Battery beherrscht, einer der besterhaltenen Festungen, die die Ritter im 18. Jahrhundert errichteten, und die überdies mit einer schönen Aussicht auf die St Paul's Bay aufwartet.

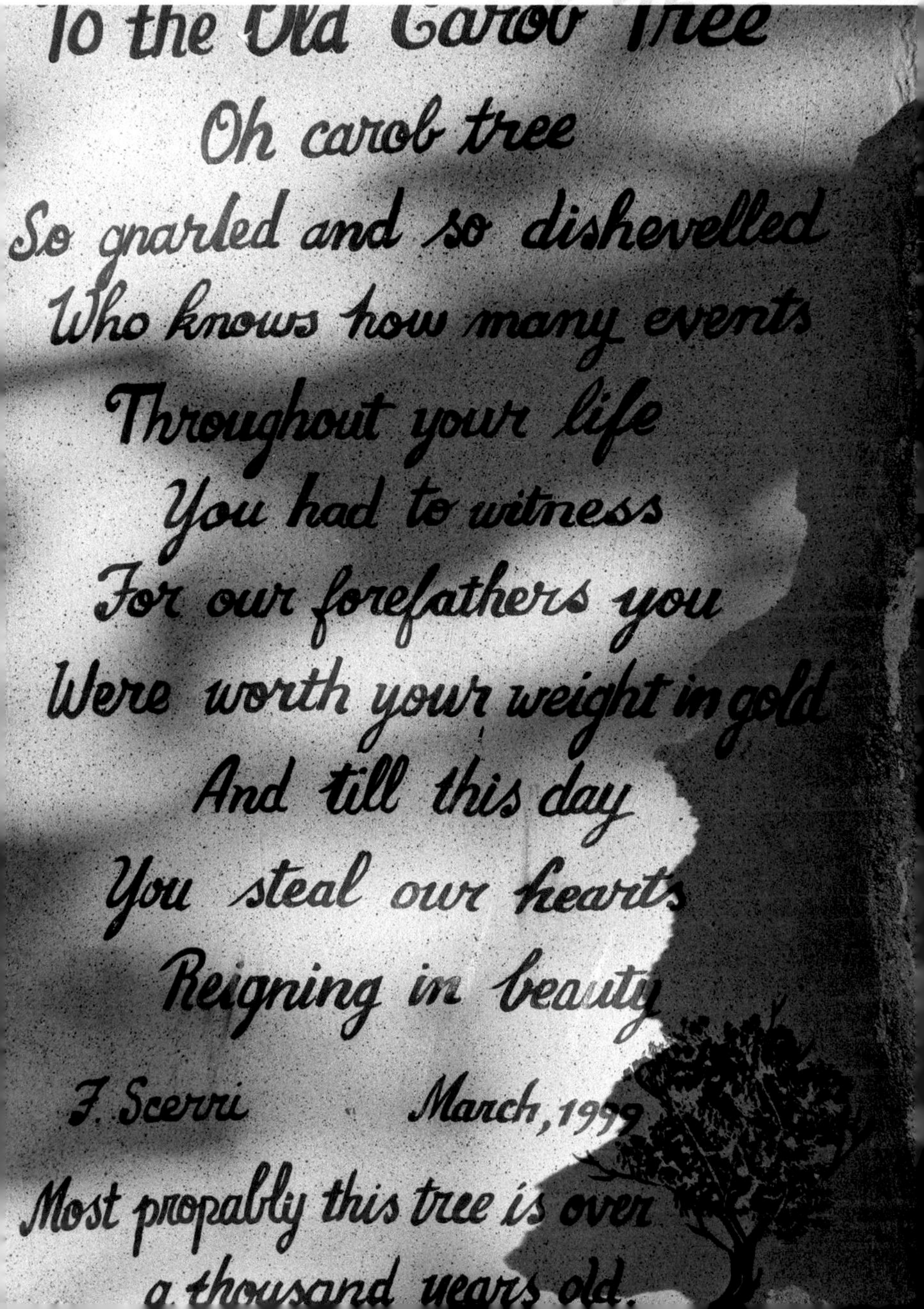

111 Das Heiligtum-Museum

Votivgaben, Flugzeuge und Fahrräder

Unsere Liebe Frau der Gnaden (*Our Lady of Graces*) war schon immer eine beflissene Schutzherrin für die Menschen von Malta. Unzählige Fürbitten und Wunder sind überliefert, die die volkstümliche Tradition mit dem Heiligtum von Żabbar und seiner verehrten Statue in Verbindung brachte, sodass in einem der Kirche benachbarten Gebäude ein recht interessantes Museum eingerichtet wurde, das eine beeindruckende Sammlung von Votivgaben enthält. Bei den meisten waren die Fürsprachen der Maria entscheidend für die Rettung von Seglern, Fischern und Matrosen, wie man auf den Dankesbildern eindrucksvoll sehen kann, deren ältestes auf das 17. Jahrhundert zurückgeht. Von Stürmen heimgesuchte oder auf Klippen geschleuderte Schiffe, Wunder in Verbindung mit Kriegen oder Naturgewalten bezeugen, dass dieses Heiligtum bei Gläubigen inbrünstig verehrt wird.

Zwar sind sie eine Minderheit, dennoch fehlt es nicht an wundersam naiven Gemälden, die an Ereignisse erinnern, welche sich fern der Küsten und der Wogen zugetragen haben. Wie etwa das Bild des mirakulösen Überlebens des armen Motorradfahrers Giuseppe Pace, der 1955 von einem schnaubenden Monstrum von Lkw an eine der Wände des Hompesch Gate gedrückt wurde, dem neoklassizistischen Triumphbogen unweit von hier, der als Stadttor des Ortes Żabbar fungiert.

Aber der Gunst Mariens wird nicht nur mit Bildern oder Ikonen gedacht: Im Erdgeschoss des Museums sind nämlich die Reste einer Vulcan der Royal Air Force ausgestellt, die am 14. Oktober 1975 um 13.10 Uhr im Flug über dem Dorf explodiert war und Teile und Trümmer auf den Ort hatte herabgeregnen lassen. Von den sieben Personen an Bord überlebten nur zwei, aber im Dorf selbst gab es nur ein Opfer, was angesichts des Umfangs des Unglücks unmittelbar nur durch die segensreiche Fürsprache Mariens erklärt werden konnte.

Am ersten Sonntag nach dem 8. September wird in Żabbar das Fest der Schutzheiligen begangen, das kurioserweise eine für alle Interessierten offene Pilgerreise mit dem Fahrrad vorsieht, die vom Kirchplatz ausgeht und nach 15 Kilometern in Mdina ihr Ziel erreicht.

Adresse Misraħ tal-Madonna Medjatriċi, Żabbar, Malta | **ÖPNV** Medjatriċi (Bus 90, 94, 91, 120, 121, 124) | **Öffnungszeiten** täglich 9–12 Uhr, Tel. 21824383 | **Tipp** Auf dem Platz befindet sich die goldglänzende Büste des deutschen Großmeisters Ferdinand von Hompesch, unter dessen Ägide der Orden 1798 seine Staatshoheit über Malta einbüßte.

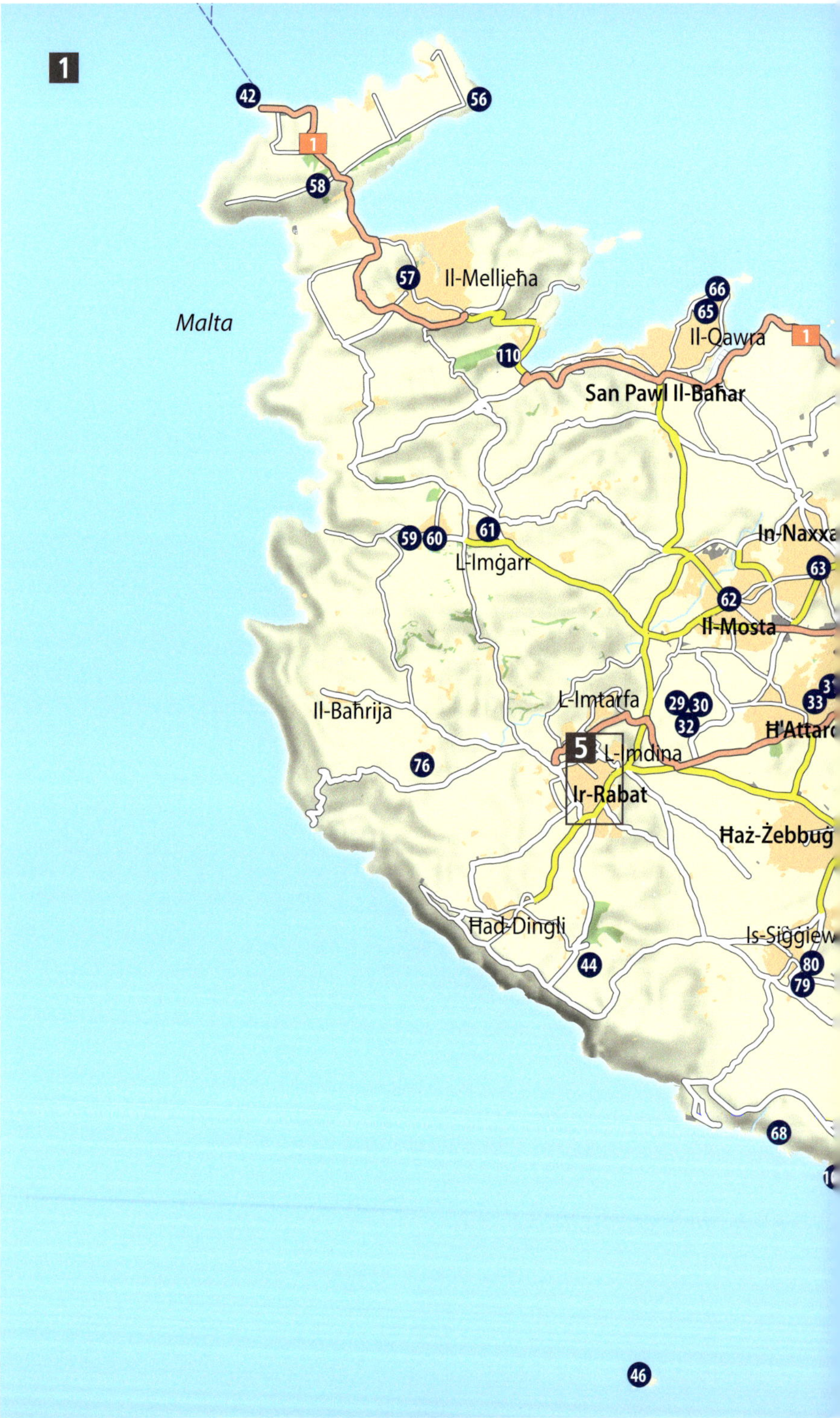
1
Malta
Il-Mellieħa
Il-Qawra
San Pawl Il-Baħar
In-Naxxar
L-Imġarr
Il-Mosta
Il-Baħrija
L-Imtarfa
L-Imdina
Ir-Rabat
Ħ'Attard
Ħaż-Żebbuġ
Ħad-Dingli
Is-Siġġiew
5
42
56
58
57
66
65
110
59
60
61
63
62
29
30
32
33
76
44
80
79
68
46

2
Baħar iċ-Ċagħaq
Pembroke
San Ġiljan
81
Tas-Sliema
San Ġwann
4
1
VALLETTA
Birkirkara
L-Imsida
34
Il-Birgu
7
Il-Ħamrun
Bormla
67
Ħal Qormi
48
Raħal Ġdid
111
Ħaż-Żabbar
64
Ħal Tarxien
Wied Il-Għajn
Ħal Luqa
9
Iż-Żejtun
L-Imqabba
51
50
49
1
Marsaxlokk
43
Iż-Żurrieq
Birżebbuġa
N
0
1 km

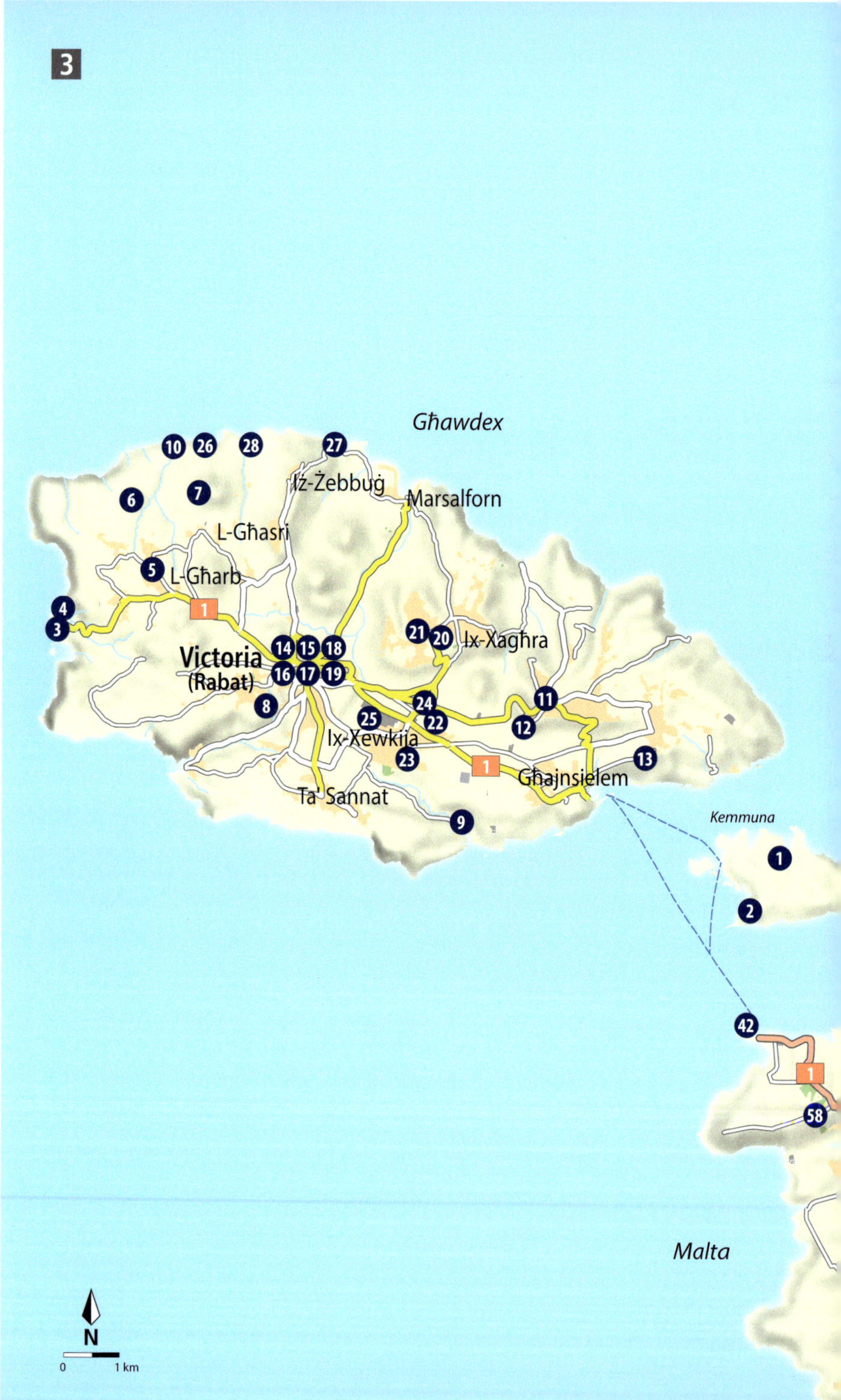

3
Għawdex
Iż-Żebbuġ
Marsalforn
L-Għasri
L-Għarb
Victoria
(Rabat)
Ix-Xagħra
Ix-Xewkija
Ta' Sannat
Għajnsielem
Kemmuna
Malta
N
0
1 km

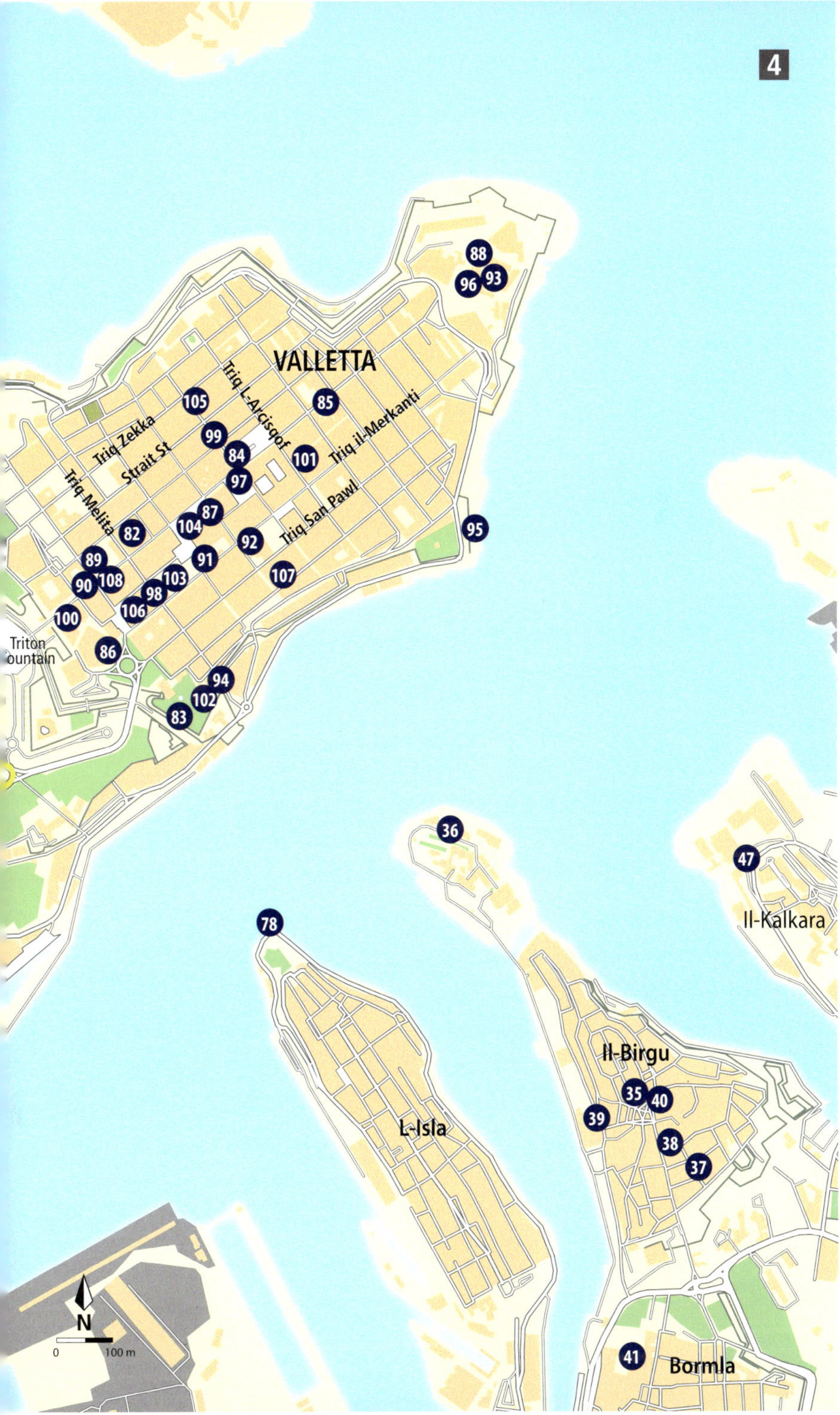
VALLETTA
Triq L-Arcisqof
Triq il-Merkanti
Triq Zekka
Strait St
Triq Melita
Triq San Pawl
Triton Fountain
L-Isla
Il-Birgu
Il-Kalkara
Bormla
88
96
93
105
85
99
84
101
97
87
104
82
92
95
89
91
108
90
103
98
107
106
100
86
94
102
83
36
47
78
35
40
39
38
37
41
N
0
100 m

5
L-Imdina
54
53
52
55
77
70
69
Triq Gherіexem
Triq San Pawl
Karrijiet
Triq Santa Rita
Triq il-Kbira
Triq ir-Repubblika
45
75
71
IR-RABAT
72
74
Hal-Bajjada
Triq il-Kullegg
Triq Nikol Saura
Triq il-Kullegg
73
N
0
60 m

Fabrizio Ardito
111 Orte in Umbrien, die man gesehen haben muss
ISBN 978-3-7408-0238-7

Catrin George Ponciano
111 Orte an der Algarve, die man gesehen haben muss
ISBN 978-3-7408-0362-9

Kathleen Becker
111 Orte in Lissabon, die man gesehen haben muss
ISBN 978-3-7408-0244-8

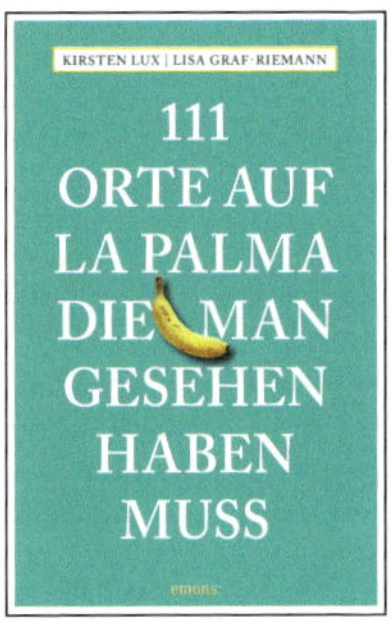

Kirsten Lux,
Lisa Graf-Riemann
111 Orte auf La Palma, die man gesehen haben muss
ISBN 978-3-7408-0345-2

Sibylle von Kapff,
Gerhard von Kapff
111 Orte auf Teneriffa, die man gesehen haben muss
ISBN 978-3-95451-916-3

Robert Zsolnay
111 Orte auf Ibiza und Formentera, die man gesehen haben muss
ISBN 978-3-95451-831-9

Beate Giacovelli,
Gaetano Adragna
111 Orte am Comer See, die man gesehen haben muss
ISBN 978-3-95451-833-3

Marx de Morais
111 Orte in Turin und im Piemont, die man gesehen haben muss
ISBN 978-3-95451-736-7

Giulia Castelli Gattinara,
Mario Verin
111 Orte in Mailand, die man gesehen haben muss
ISBN 978-3-95451-617-9

Dorothee Fleischmann,
Carolina Kalvelage
111 Orte an der Costa Brava, die man gesehen haben muss
ISBN 978-3-95451-561-5

Ralf Nestmeyer
111 Orte an der Côte d'Azur, die man gesehen haben muss
ISBN 978-3-95451-563-9

Beate C. Kirchner
111 Orte in Florenz und im Norden der Toskana, die man gesehen haben muss
ISBN 978-3-95451-513-4

Gerd Wolfgang Sievers
111 Orte in Venedig, die man gesehen haben muss
ISBN 978-3-95451-352-9

Petra Sophia Zimmermann
111 Orte am Gardasee und in Verona, die man gesehen haben muss
ISBN 978-3-95451-344-4

Sabine Gruber, Peter Eickhoff
111 Orte in Südtirol, die man gesehen haben muss
ISBN 978-3-95451-318-5

Annett Klingner
111 Orte in Rom, die man gesehen haben muss
ISBN 978-3-95451-219-5

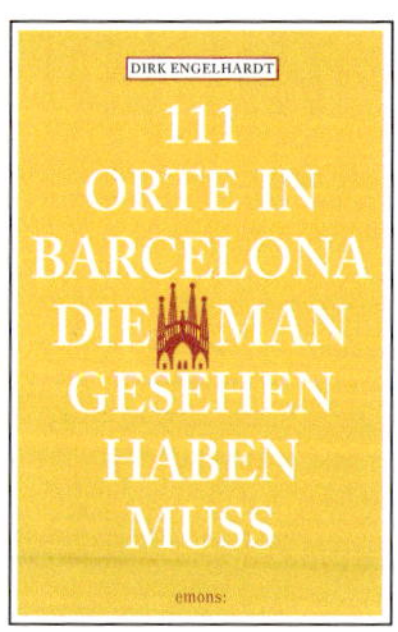

Dirk Engelhardt
111 Orte in Barcelona, die man gesehen haben muss
ISBN 978-3-95451-066-5

Ralf Nestmeyer
111 Orte in der Provence, die man gesehen haben muss
ISBN 978-3-95451-094-8

Karl Haimel, Peter Eickhoff
111 Orte in Wien, die man gesehen haben muss
ISBN 978-3-89705-969-6

Stefan Spath
111 Orte in Salzburg, die man gesehen haben muss
ISBN 978-3-95451-114-3

Susanne Gurschler
111 Orte in Tirol, die man gesehen haben muss
ISBN 978-3-95451-834-0

Rüdiger Liedtke
111 Orte auf Mallorca, die man gesehen haben muss
ISBN 978-3-89705-975-7

John Sykes, Birgit Weber
111 Orte in London, die man gesehen haben muss
ISBN 978-3-95451-117-4

Cornelia Ziegler, Chris Sindermann
111 Orte auf Kreta, die man gesehen haben muss
ISBN 978-3-95451-540-0

Lust auf mehr? Laden Sie sich die »LChoice«-App runter, scannen Sie den QR-Code und bestellen Sie weitere Bücher direkt in Ihrer Buchhandlung.

LChoice

Hier bestellen

Danksagungen

Ein Buch dieser Art kann nur Frucht von Teamarbeit sein. Zwar hat der Autor die Auswahl der Orte und ihre Beschreibung zu verantworten, aber ohne die Hilfe und den Ratschlag vieler Menschen wäre dieses Buch nicht entstanden. Mein Dank geht daher an die Mitarbeiter der Malta Tourism Authority in Rom und Valletta für Organisation und Unterstützung, an Ana de Barro, Anna Zammit und Audrey Marie Bartolo für die Tage, in denen wir gemeinsam Malta, Comino und Gozo erkundet haben. Für wertvolle Ideen und Tipps bedanke ich mich bei Federica Brunini und Manolo Mantovani. Ein Danke für die aufgebrachte Zeit und die Geduld geht an die Kuratoren und das Personal der Museen und Galerien, an die Restaurantbetreiber, Unternehmer, Bäcker, Touristen und Ladeninhaber, die ich während meiner langen und intensiven Tage auf Malta getroffen habe. Für die gute Zusammenarbeit schulde ich Air Malta Dank. Schließlich danke ich Alessandro de Martino für die fundamentale Hilfe bei der Sammlung von Informationen und der Realisierung der Fotos, die diesen Band schmücken.

Der Autor

Fabrizio Ardito ist Freelance-Journalist und -Fotograf. Er schreibt über Reisen und Natur für verschiedene Zeitungen und Verlage, darunter den Touring Club Italiano. Er hat zahlreiche Bücher und Reiseführer veröffentlicht. Zu seinen großen Leidenschaften gehören unterirdische Welten und die historischen Wander- und Pilgerwege in und außerhalb Italiens. Bei Emons ist bisher sein Reiseführer »111 Orte in Umbrien, die man gesehen haben muss« erschienen.